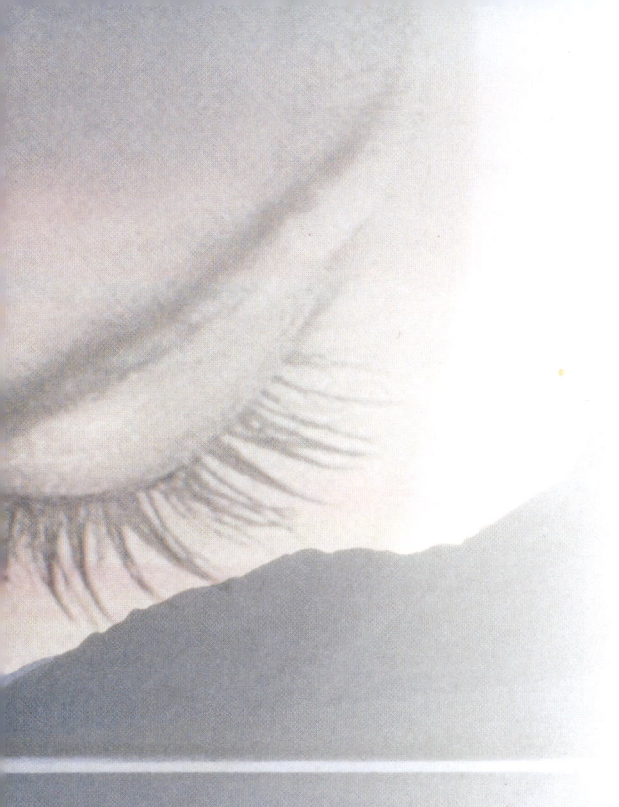

FALKEN

Rolf Faller

Autogenes Training

Entspannung für Körper,
Geist und Seele

Im FALKEN Verlag sind zahlreiche Titel zum Thema „Gesundheit" erschienen.
Sie sind überall dort erhältlich, wo es Bücher gibt.

Sie finden uns im Internet: **www.falken.de**

Dieses Buch wurde auf chlorfrei gebleichtem
und säurefreiem Papier gedruckt.

Der Text dieses Buches entspricht den Regeln
der neuen deutschen Rechtschreibung.

ISBN 3 8068 5518 8

Umschlaggestaltung: Design Team München/WSP-Design, Heidelberg
Zeichnungen: Edith Kuchenmeister
Redaktion: Daniela Weise, München/Herbert Habicht
Herstellung: Wilhelm Gnadl, Bad Aibling/Elke Cramer

Die Ratschläge in diesem Buch sind von dem Autor und vom Verlag sorgfältig erwogen
und geprüft, dennoch kann eine Garantie nicht übernommen werden. Eine Haftung des
Autors bzw. des Verlags und seiner Beauftragten für Personen-, Sach- und Vermögens-
schäden ist ausgeschlossen.

Produktion: Buch-Werkstatt GmbH, Bad Aibling
Druck: GGP Media, Pößneck

817 2635 4453 6271

Inhalt

Vorwort

Schon die Priesterärzte der alten asiatischen Hochkulturen kannten Methoden zur Entspannung und zur Selbstbeeinflussung, deren Wirksamkeit uns oft in Erstaunen setzt. Man denke zum Beispiel an die Yogalehre der Inder oder an die Zen-Meditation aus Japan.

Für den Europäer bleiben solche Techniken häufig ein „Buch mit sieben Siegeln", denn sie sind untrennbar mit Religion und Philosophie des asiatischen Kulturkreises verbunden. Deshalb muten sie uns fremdartig an und lassen sich nicht ohne weiteres nachvollziehen. Entzieht man ihnen aber diese weltanschauliche Grundlage, dann führt das sehr oft auch zur Wirkungseinbuße.

Trotzdem wurzeln im Grunde alle modernen westlichen Entspannungstechniken in diesen uralten Lehren. Ohne die Erfahrungen, die vor Jahrtausenden in Asien gesammelt wurden, gäbe es heute kaum eine so wirkungsvolle Lebenshilfe wie das autogene Training, auch wenn man von diesen Quellen nichts mehr merkt.

Von vornherein verzichtete der „geistige Vater" des autogenen Trainings, der Berliner Nervenarzt Professor J. H. Schultz, auf jede weltanschauliche Untermauerung. Ihm ging es darum, ein unabhängig vom Kulturkreis anwendbares, wissenschaftlich exakt aufgebautes psychotherapeutisches Verfahren zur Selbsthilfe zu entwickeln. Dass ihm dies gelungen ist, beweisen Millionen Menschen, die in den über vier Jahrzehnten seit der ersten Erprobung des autogenen Trainings wieder zu mehr Lebensfreude und Selbstsicherheit fanden und neue Fähigkeiten und Kräfte in sich erweckten.

Ehe Professor Schultz das autogene Training ausarbeitete, war er lange Zeit in einem Berliner Hypnoseambulatorium tätig. Seine praktischen Erfahrungen zeigten ihm den richtigen Weg zu einer Selbsthilfemethode, die fast jeder ohne ärztliche Überwachung regelmäßig lebenslang anwenden kann. Dieser Grundgedanke wird auch in der Bezeichnung „autogen" deutlich, die sich aus den griechischen Wörtern auto (= selbst) und genesis (= Entstehung) zusammensetzt.

Ziel dieses Trainings ist die völlige Entspannung, Beherrschung auch der Körperfunktionen, die sich gewöhnlich unserem bewussten Einfluss entziehen, und positive Beeinflussung seelischer Haltungen. Stufenweise führen die sechs aufeinander aufbauenden Grundübungen zu diesem Ziel. Immer mehr versetzen sie den Übenden in die Lage, sich innerlich zu lösen und zu versenken, bis alle Körperfunktionen harmonisch aufeinander abgestimmt ablaufen. Damit stellt schon das autogene Training der Unterstufe eine beachtliche Hilfe für das Heer von Menschen dar, die unter Stress, Nervosität, Schlafstörungen und seelisch verursachten Organbeschwerden leiden. Erst recht gilt das, wenn solche körperlichen und seelischen Störungen durch Vorstellungen ganz gezielt beeinflusst werden.

Dem Fortgeschrittenen bietet die Oberstufe des autogenen Trainings eine einmalige Gelegenheit, sich selbst besser zu erkennen und mit jenen Teilen seiner Persönlichkeit Kontakt aufzunehmen, die ihn zwar ständig beeinflussen, ihm aber nicht bewusst sind.

Gleichgültig, ob man sich mit den Grundübungen des autogenen Trainings begnügt oder mit Hilfe der Oberstufe die eigene Persönlichkeit erforscht, um schlummernde Charakterzüge und Fertigkeiten zu wecken, immer bietet das autogene Training praktische Lebenshilfe. Man kann nicht früh genug damit beginnen, am besten schon im Kindesalter, und sollte es ein Leben lang betreiben. Viel seelisches und körperliches Leid könnte verhütet werden, wenn man das Training endlich in die Lehrpläne der Schulen aufnähme – eine Idee, für die Professor Schultz immer wieder eintrat.

Dieses Buch will in erster Linie Begleiter für den sein, der autogenes Training in einem Einzel- oder Gruppenkurs erlernt hat und sich ab und zu vergewissern möchte, dass er richtig trainiert. Aber auch der Leser, der noch nie einen solchen Kurs absolvierte, kann mit Hilfe des Buches autogenes Training erlernen.

Es ist nach aller Erfahrung immer noch besser, sich das autogene Training im Selbststudium anzueignen, als mangels Gelegenheit zum Kursbesuch auf diese unentbehrliche Methode zur täglichen Gesundheitsvorsorge zu verzichten. Wer erst einmal einige Zeit konsequent trainiert hat, möchte meist nie mehr darauf verzichten.

Einleitung: Autogenes Training als Lebenshilfe

Die „Sprache" unseres Unterbewusstseins sind die Bilder. Am deutlichsten erleben wir das im Traum, der häufig in Bildfolgen mit symbolisch verschlüsselter Bedeutung abläuft. Deshalb kann ein praktisches Beispiel meist mehr als viele Worte verdeutlichen, was gemeint ist. Dem wollen wir Rechnung tragen, indem wir nicht durch theoretische Erklärungen, sondern anhand eines Falles aus der eigenen Praxis veranschaulichen, wie das autogene Training als Lebenshilfe genutzt werden kann.

Als die Patientin, eine ausnehmend attraktive, selbstsichere, geschäftlich erfolgreiche 35-jährige Frau, zum ersten Mal in die Praxis kam, fiel mir vor allem ihr unsteter Blick auf. Er stand in krassem Gegensatz zu der Ruhe und Selbstsicherheit, die sie ausstrahlen wollte.

Im ersten Gespräch konnte sie noch nicht über ihr eigentliches Problem sprechen. Bestimmt trug sie nur den Wunsch vor, das autogene Training zu erlernen, um besser mit ihrem beruflichen Stress fertig zu werden.

Erst nach vier weiteren Sitzungen war sie so weit gelöst, dass sie plötzlich während der Übung sich gehen lassen konnte. Sie begann zu weinen, und die Worte sprudelten nur so aus ihr heraus. Sie offenbarten die innere Qual, unter der diese so überlegen und beherrscht wirkende Frau zunehmend litt. Einige Jahre zuvor hatte sie ein zweites Mal geheiratet, offenbar einen außergewöhnlich geduldigen, sanftmütigen Mann, der sie zärtlich liebte. Trotzdem begann es in der Ehe bald zu kriseln, weil die Patientin häufig zu Launen und Temperamentsausbrüchen neigte. Da ihr Mann darunter stark litt, auch wenn er alles geduldig ertrug, entwickelte sie heftige Schuldgefühle ihm gegenüber.

Schließlich begann sie, am Bestand der Ehe zu zweifeln, denn einerseits konnte sie sich beim besten Willen nicht beherrschen, andererseits aber auch nicht glauben, dass ihr Mann auf Dauer ihr Verhalten ertragen könnte. Um sich „Gewissheit" zu verschaffen, besuchte sie eine bekannte Astrologin. Diese weissagte ihr das Jahr, in dem ihre Ehe geschieden würde – und dieses Jahr hatte gerade begonnen, als sie in die Praxis kam. Im autogenen Training sah sie mit einiger Berechtigung die letzte Möglichkeit, das Zerbrechen ihrer Ehe zu verhindern. Davor hatte sie panische Angst, denn trotz ihres Verhaltens liebte auch sie ihren Mann sehr.

Weitere Gespräche deckten zwar ansatzweise die Ursachen ihrer Unbeherrschtheit auf, die in frühkindlichen Erlebnissen zu suchen waren. Einer tiefenpsychologischen Therapie wollte sie sich aber nicht unterziehen. Sie hatte sich von vornherein darauf versteift: Entweder hilft mir autogenes Training – oder überhaupt nichts mehr.

Nachdem sie sich erstmals über ihr Problem ausgesprochen hatte, erwies sich die Patientin bei den weiteren Sitzungen als sehr zugänglich für die Therapie. Auffallend rasch lernte sie, sich völlig den Formeln des autogenen Trainings hinzugeben. Bald beherrschte sie die Technik der Unterstufe vollkommen.

Damit war aber erst die Grundvoraussetzung der weiteren Therapie geschaffen. Gemeinsam erarbeiteten wir entsprechende positive Vorstellungen zur Selbstbeeinflussung, die sich die Patientin täglich mindestens zweimal nach Erreichen der Stirnkühle ganz intensiv vergegenwärtigte. Die eine Formel richtete sich gegen die so verhängnisvolle Voraussage der Astrologin über den Fortbestand ihrer Ehe, die zweite zielte auf die Launen und Temperamentsausbrüche.

Nach gut einem halben Jahr konnte die Behandlung abgeschlossen werden. Aus der unnahbar, beherrscht und kühl wirkenden Patientin ist eine gelöste, aufgeweckte, herzliche und ausgeglichene junge Frau geworden, für die es keinen Zweifel mehr daran gibt, dass ihre Ehe bis ans Lebensende bestehen bleiben wird. Ihr Verhalten gegenüber ihrem Mann hat sich von Grund auf verändert, Launen kennt sie fast keine mehr. Das autogene Training hat sie bis heute beibehalten und erlernt jetzt gerade die Oberstufe, um ohne tiefenpsychologische Analyse die Ursachen ihres damaligen Verhaltens selbst aufzuarbeiten.

Sicher wird jetzt mancher, der die Macht solcher negativen Erwartungen und Voraussagen noch nie erlebt hat, überlegen lächelnd meinen: So etwas könnte mir nie passieren. Aber jeder von uns ist – wenn auch vielleicht in anderen Bereichen - für solche Prophezeiungen anfällig. Negative Erwartungen können einen Menschen sogar in den psychogenen, das heißt rein seelisch bedingten Tod treiben. Dazu noch ein kurzes, einprägsames Beispiel, über das der Forscher Sven Hedin berichtete:

Auf einer Reise durch Tibet geriet ein Mitarbeiter Hedins, Dr. H., mit einem tibetanischen Einsiedler in Streit. Der Eremit sagte ihm daraufhin voraus, dass er am gleichen Tag des folgenden Jahres sterben müsse. Kurz vor dem prophezeiten Todestag kehrte Dr. H. schon so krank nach Berlin zurück, dass er sich sofort in ärztliche, später klinische Behandlung begeben musste. Die Ärzte standen vor einem Rätsel. Obwohl der Patient offensichtlich im Sterben lag, konnten sie keine Ursachen dafür finden – organisch war er gesund.

Glücklicherweise erfuhr einer der Klinikärzte noch rechtzeitig von der Voraussage des Eremiten und versetzte Dr. H. zwei Tage vor dem angeblichen Todestag in hypnotischen Schlaf, in dem er ihn vier Tage beließ. Nach dem Wecken teilte man Dr. H. mit, dass er den Tag überlebt habe – und nachdem so der Bann der negativen Erwartung gebrochen war, genas der Patient in kurzer Zeit vollständig.

Wenn negative Vorstellungen einen gesunden Menschen an den Rand des Grabes bringen können, welchen Einfluss nehmen sie dann erst auf unser tägliches Leben. Wie viele Misserfolge und Enttäuschungen lassen sich auf solche Erwartungen zurückführen, die sich in unserem Unterbewusstsein einnisten und unmerklich ein Leben ruinieren können.

Umgekehrt verfügen aber auch die positiven Vorstellungen über eine derartige Macht. Sie können Hemmungen und Zweifel überwinden, die dem Erfolg und Lebensglück im Wege stehen, ungeahnte Kräfte und Fähigkeiten mobilisieren, manchmal sogar Krankheiten heilen, denen die Medizin hilflos gegenüberstand.

In jedem von uns ruhen diese Möglichkeiten, wir müssen sie nur wecken. Das autogene Training ist einer der zuverlässigsten Wege dazu, eine Lebenshilfe für die zahllosen kleinen und großen Schwierigkeiten, mit denen wir alle uns im Alltag herumschlagen müssen. Wer gelernt hat, sich durch autogenes Training in positive Erwartungen zu versetzen, für den gibt es keine unlösbaren Probleme und zermürbenden Selbstzweifel, keine schwarzen Depressionen und lähmende Angst mehr. Für ihn gilt, was ein altes arabisches Sprichwort sagt: Wenn auch die Hunde kläffen, die Karawane zieht doch ihres Weges.

Grundlagen des richtigen Trainings

Jeder angehende Sportler, der ernsthaft mit einem Training beginnt, wird zuvor versuchen, optimale Trainingsvoraussetzungen zu schaffen. Zunächst macht er sich vertraut mit der Technik seiner Sportart, besorgt die entsprechenden Geräte, Sportkleidung und manches andere.

Auch für das erfolgreiche autogene Training müssen einige, wenn auch bescheidene Voraussetzungen geschaffen werden. Abgesehen davon, dass man sich natürlich mit der Technik vertraut machen muss, benötigt man einen geeigneten Raum, muss sich für die „sympathischste" der entspannten Grundhaltungen entscheiden, eine Unterlage besorgen, wenn man am Boden liegend trainieren will, und – das ist sehr wichtig für den Erfolg – sich jeden Tag die Zeit nehmen, um mindestens einmal, Anfänger zwei- bis dreimal, das Trainingsprogramm zu absolvieren.

Ebenso wichtig ist, dass man sich vorher überlegt, was man durch das Training erreichen möchte. Der eine will vielleicht seine Hemmungen verlieren, der andere besser schlafen, ein Dritter endlich mit dem Rauchen aufhören und, und, und … Einfach ausgedrückt: Man braucht ein Motiv für das Training. Erfahrungsgemäß wirft man, sobald nicht gleich alles gelingt, die Flinte viel eher ins Korn, wenn man nur aus Neugierde einmal etwas ausprobieren wollte, als wenn man ein wichtiges Ziel ansteuert.

Die entspannten Grundhaltungen

Grundsätzlich eignet sich jede Körperhaltung zum Training, in der sich alle Muskeln vollkommen entspannen können. In Kursen erlebt man immer wieder die verschiedensten Haltungen, die auf den ersten Blick sogar recht unbequem erscheinen mögen, dem Betroffenen aber zur Entspannung nützen. Es gibt also nicht *die* Grundhaltung, die für jeden Anfänger des autogenen Trainings maßgeschneidert ist.

Praktische Erfahrungen zeigen aber, dass für viele Schüler des autogenen Trainings eine der folgenden drei Grundhaltungen zum besten Erfolg führt. Wer spürt, dass er sich dabei doch nicht so gut entspannen kann, sollte getrost so lange experimentieren, bis er seine individuell richtige Haltung gefunden hat. Diese soll dann aber möglichst immer beibehalten werden. Wer fortwährend in anderer Lage trainiert, wird oft erleben müssen, dass der Erfolg lange auf sich warten lässt.

Liegehaltung

Viele Menschen üben in dieser Stellung am liebsten. Dabei ruht der Körper flach auf einer nicht zu weichen Unterlage, am besten auf einer Wolldecke, die man auf den Boden legt. Der Kopf soll leicht erhöht auf einem kleinen Kissen liegen. Dabei muss man vor allem darauf achten, dass sich auch die Hals-Nacken-Muskulatur entspannt. Bei Bedarf kann man auch eine Nackenrolle zur besseren Entspannung unterlegen.

Die Arme werden in den Ellbogen leicht angewinkelt, so dass die Handflächen in Höhe der Oberschenkel flach auf der Unterlage ruhen, ohne den Körper zu berühren. Die Fußspitzen weisen bei völliger Entspannung der Beine immer leicht ein wenig nach außen.

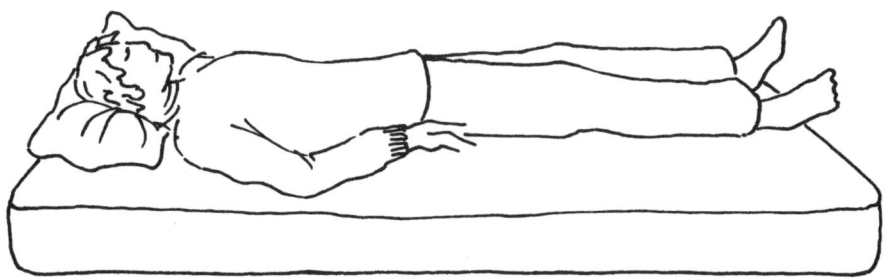

Manche Menschen spüren in dieser Lage unangenehme Empfindungen im Rücken, in den Schultern oder im Brustkorb. Das trifft vor allem für jene zu, die unter krankhaften Veränderungen der Wirbelsäule leiden. In diesem Fall muss man Schultern, Kreuz oder Kniekehlen zusätzlich so mit Kissen oder Decken unterpolstern, dass man wirklich ganz bequem liegt. Genügt das immer noch nicht, trainiert man autogenes Training besser im Sitzen.

Passive Sitzhaltung

Für die passive Sitzhaltung benötigt man einen Stuhl mit Seitenlehnen und ausreichend hoher Rückenlehne, zum Beispiel einen Fernsehsessel. Die Rückenlehne muss so hoch sein, dass man den Kopf entspannt anlehnen kann. Die Arme legt man locker auf die Seitenlehnen, so dass die Handflächen entspannt darauf ruhen. Die Hände sollten jedoch nicht vor den Lehnen herabhängen, weil das zu Missempfindungen führen kann.

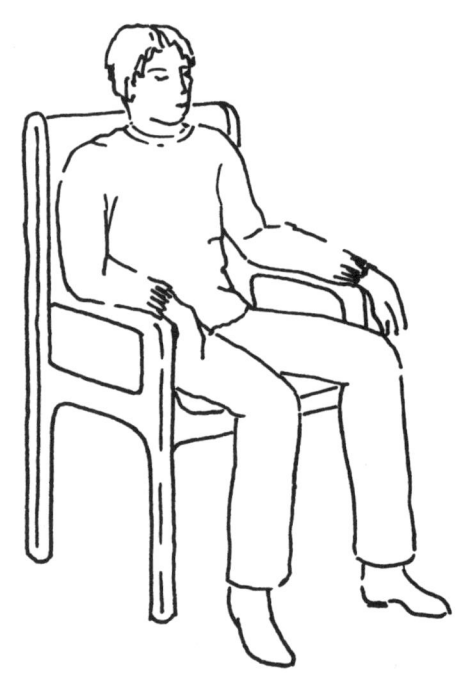

Die Füße stehen immer fest und leicht gespreizt auf dem Boden, dürfen aber nie übereinander geschlagen werden.

Auch bei der passiven Sitzhaltung kann es von Fall zu Fall erforderlich werden, Kreuz und Rücken durch Kissen und Decken zu unterpolstern, wenn unangenehme Empfindungen in dieser Gegend auftreten.

Aktive Sitz(Droschkenkutscher-)haltung

Diese Stellung während des autogenen Trainings gleicht der Haltung, in der die Fiaker auf dem Kutschbock sitzen, während sie auf Kundschaft warten. Der entscheidende Vorteil: So kann man fast überall unauffällig üben, zum Beispiel während einer Arbeitspause, vor einem wichtigen Gespräch, einer Prüfung oder bei vielen anderen Gelegenheiten.

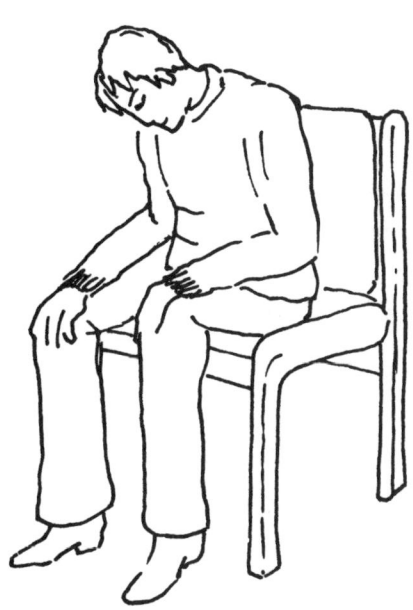

Zunächst richtet man sich im Sitzen auf, atmet dabei tief ein und streckt die Wirbelsäule, dann „sackt" man gelöst nach vorne und atmet dabei tief aus. Die Ellbogen sind leicht angewinkelt, die Handflächen ruhen locker auf den Oberschenkeln. Die Beine stehen leicht gespreizt fest auf dem Boden.

Den Kopf senkt man locker nicht zu tief nach vorne. Der Unterkiefer hängt schlaff und schwer herab, er soll sich aber nicht öffnen.

Problematisch kann diese Stellung für Übergewichtige sein, bei denen oft der Bauch gepresst wird. Dann wählt man eine andere Stellung – noch besser: Man nimmt ab, wobei das autogene Training die guten Vorsätze wirkungsvoll unterstützt.

Fast immer übt man mit geschlossenen Augen am besten. Nur selten erlebt man einmal, dass sich ein Schüler des autogenen Trainings auch mit halb geöffneten Augen genügend entspannen kann. Nach Möglichkeit legt man alle beengenden Kleidungsstücke ab. Das gilt besonders für Gürtel, die den Bauch einschnüren, Hüfthalter oder die beliebten superengen Jeanshosen. Weite, bequeme Kleidung unterstützt den Trainingserfolg. Krawatten wird man während des Übens ebenso wie den Hemdkragen öffnen.

Der geeignete Übungsraum

Derjenige, der Erfahrung im autogenen Training hat, kann praktisch überall üben, im Zug, auf der Toilette, am Arbeitsplatz und an vielen anderen Orten. Ihm gelingt es, auf Befehl abzuschalten, sich zu versenken, die Einflüsse der Umwelt auszublenden, gleichgültig, wo er sich gerade befindet und was um ihn herum vorgeht.

Für den Anfänger dagegen spielt der geeignete Übungsraum noch eine wichtige Rolle. Am besten wählt er das Schlafzimmer, in der Regel ohnehin der ruhigste Raum der Wohnung. Zudem hält er sich morgens und abends sowieso darin auf, wenn er nach dem Erwachen und vor dem Einschlafen übt.

Zum Schutz vor Lärm wird man während des Trainings das Fenster und die Tür schließen. Bewährt hat es sich auch, den Rollladen so weit herunterzulassen, dass im Zimmer ein angenehmes Halbdunkel herrscht. Bei Räumen ohne Jalousien schließt man wenigstens die Vorhänge.

Im Bett kann man gut üben, wenn Matratze und Rost nicht zu weich sind und der Körper nicht durchhängt. Ist das der Fall, sollte man schleunigst das Bett neu ausstatten, um dauernde Schäden am Skelett zu vermeiden und Schlafstörungen vorzubeugen. Man kann auch auf dem Bodenteppich oder auf einer Decke ruhend trainieren.

Nach Möglichkeit soll sich im Übungsraum kein Telefon befinden. Ist das unvermeidlich, wird man es während des Trainings hinausstellen und die Glocke auf kleinste Stufe zurückschalten. Reicht die Leitung dazu nicht aus, kann man bei der Post eine Verlängerung beantragen.

Auch die Türklingel soll während des Trainings abgestellt werden. Dazu erhält man im Fachhandel Unterbrecher, die der geschickte Heimwerker selbst anbringen kann.

Schließlich müssen die Mitbewohner der Wohnung auf den Übenden Rücksicht nehmen. Wenn auf dem Flur die Kinder herumtollen, im Wohnzimmer die Stereoanlage dröhnt und in der Küche Haushaltsgeräte rumoren, wird der Schüler des autogenen Trainings beim besten Willen keine Entspannung finden.

Es empfiehlt sich, mit der Familie die Zeiten abzustimmen, zu denen man einige Minuten Ruhe für das Training braucht. Noch besser ist es natürlich, wenn man gemeinsam mit der Familie übt. Daran können sich auch die Kinder beteiligen.

Im Büro wird man nicht so leicht einen geeigneten Raum zum Üben finden. Trotzdem sollte man in der Mittagspause versuchen, das Training durchzuführen. Wenn es überhaupt nicht gelingen will, übt man stattdessen gleich nach Feierabend daheim. Vielleicht kann man aber die Kollegen vom Wert des autogenen Trainings überzeugen, und es bilden sich Gruppen im Betrieb, die gemeinsam trainieren. Sicher wird kein vernünftiger Chef etwas dagegen einwenden, denn die wenigen Minuten zahlen sich in der Regel schnell durch bessere Arbeitsleistung und verminderte Krankheitshäufigkeit sowie durch ein gutes Betriebsklima aus.

Tägliches Training

Fast jeder erfolgreiche Sportler musste jahrelang Entbehrungen auf sich nehmen, ehe er auf der Siegertreppe stand. Viele opferten Tag für Tag mehrere Stunden ihrer Freizeit dem Training, verzichteten auf viele Annehmlichkeiten des Lebens, stellten oft sogar ihr persönliches Glück hintan.

Derartige Entsagungen werden dem Schüler des autogenen Trainings natürlich nicht abverlangt. Vielmehr soll er gerade durch autogenes Training wieder mehr Lebensfreude finden. Ganz ohne konsequentes Training geht das aber nicht, denn erst durch ständige Wiederholungen der Übungen kommt man dem Ziel immer näher.

Wie der Sportler nach einem individuellen Programm übt – der eine länger, der andere seltener –, muss auch der Anfänger des autogenen Trainings seinen ganz persönlichen Trainingsbedarf herausfinden. Es gibt aber Erfahrungswerte, an denen er sich orientieren kann. Grundsätzlich gilt: Der Anfänger übt jeden Tag dreimal, und zwar morgens nach dem Aufwachen, abends vor dem Einschlafen und in der Mittagspause oder – wenn das nicht möglich ist – gleich nach Feierabend. Zumindest muss aber morgens und abends geübt werden, wenn sich das Training am Tag nicht verwirklichen lässt.

Wer es sich zeitlich leisten kann, darf auch während des Tages zusätzlich trainieren, insbesondere dann, wenn er zwischendurch einmal kurz abschalten und sich erholen möchte. Zu häufiges Training in der Absicht, den Erfolg zu erzwingen, kann aber nicht empfohlen werden. Es bewirkt fast immer gerade das Gegenteil.

Der Zeitaufwand des Anfängers für die Übungen beträgt durchschnittlich ein bis fünf Minuten, je nachdem, bis zu welcher der sechs Grundübungen er schon gekommen ist. Am Tag kommen also für die Unterstufe des autogenen Trainings höchstens 15 Minuten zusammen. Diese Zeit kann jeder finden. Wer glaubt, dass sein Tag zu „voll geplant" ist, beweist damit nur, wie dringend gerade er das autogene Training benötigt.

Der Fortgeschrittene, der nach den verkürzten Grundübungen binnen einer Minute zur völligen Entspannung und Versenkung findet, trainiert gewöhnlich zweimal täglich, zumindest aber am Abend vor dem Einschlafen. Meist hat er die segensreiche Wirkung des autogenen Trainings aber schon so schätzen gelernt, dass er auch im Laufe des Tages nicht mehr darauf verzichten möchte. Das ausführliche Training mit Vorsatzformeln und der Oberstufe des autogenen Trainings, das er am besten abends durchführt, kann bei ihm schon eine halbe Stunde dauern, manchmal aber auch länger.

Aber diese Zeit ist sinnvoll „angelegt" und wird im Laufe der Monate zur Gewohnheit, auf die man nicht mehr verzichten möchte.

Wer einmal mit dem autogenen Training begonnen hat, sollte es zeitlebens fortführen. Mit Sicherheit zahlt sich sein konsequentes Training durch mehr Gesundheit und ein völlig neues Lebensgefühl aus. Diese Ziele hält sich der Anfänger am besten immer vor Augen, damit er Enttäuschungen und Misserfolge, die sich zu Beginn des Trainings fast immer einstellen, gelassen erträgt und geduldig darauf wartet, dass sich seine Vorstellungen von Tag zu Tag deutlicher verwirklichen.

Die Unterstufe des autogenen Trainings

Die Unterstufe des autogenen Trainings besteht aus insgesamt sechs Übungen. Die ersten beiden führen Schwere und Wärme im Arm herbei, die sich im weiteren Verlauf des Trainings automatisch auf den restlichen Körper ausdehnen. Die nächsten normalisieren und harmonisieren die Funktionen von Herz und Atmung. Die fünfte Übung beeinflusst insbesondere die Bauchorgane sehr günstig, mit der letzten erreicht man schließlich die völlige Entspannung.

Im Laufe der Zeit gleitet der Übende durch Umschaltungen im vegetativen Nervensystem immer tiefer in einen Zustand des eingeschränkten Bewusstseins, der dem bei der Hypnose ähnelt. In diesem Zustand öffnet sich sein Unterbewusstsein zunehmend für Vorstellungen, die er nach Erreichen der Stirnkühle in der letzten Übung formuliert, um sich selbst zu beeinflussen. Zwar kennen wir derartige Suggestionen auch im Wachzustand, man denke an die Werbung, die vorwiegend darauf beruht. Der eingeschränkte Bewusstseinsgrad während des autogenen Trainings oder in der Hypnose aber bewirkt, dass solche Vorstellungen viel stärker im Unterbewusstsein verankert werden, als dies im Wachzustand gewöhnlich möglich ist. Vereinfacht ausgedrückt, schaffen die Übungen der Unterstufe des autogenen Trainings also die Voraussetzungen dafür, dass wir unsere positiven Vorstellungen ins Unterbewusstsein einprägen, von wo aus sie nachhaltiger als jede Willensanstrengung unser zukünftiges Verhalten, Denken und Fühlen günstig beeinflussen.

Professor Schultz formulierte die einzelnen Übungsformeln sehr sorgfältig. Zwar kann man im Einzelfall die eine oder andere der Formeln etwas verändern, grundsätzlich sollte sich der Anfänger aber so genau wie möglich daran halten. Auch die Zahl der Wiederholungen soll möglichst exakt eingehalten werden, denn auch sie basiert auf praktischer Erfahrung und hat sich bewährt.

Wir wiesen bereits darauf hin, dass bildhafte Vorstellungen die „Sprache" unseres Unterbewusstseins sind. Wenn wir diesen Bereich unserer Seele ansprechen wollen, hat es wenig Sinn, den Verstand oder Willen einzuschalten. Ein solcher Versuch weckt vielmehr all die Widerstände, die dem Wunsch entgegenstehen, es tritt eine Sperre ein, die jeden Erfolg im Keim ersticken kann. Der Schüler des autogenen Trainings muss deshalb lernen, sich gelassen einfach seinen Vorstellungen hinzugeben, geduldig zu warten, bis sie sich verwirklichen. Je intensiver ihn eine solche Vorstellung erfüllt, desto eher wird sie Realität.

Natürlich fällt es dem Ungeübten schwer, nur einen einzigen Gedanken ständig im Geiste zu wiederholen und nicht fortwährend zu kontrollieren, ob er sich bereits verwirklicht hat. Die meisten Menschen denken „mehrspurig", das heißt, im Hintergrund stehen immer noch andere, nicht ganz bewusste Inhalte, die den Hauptgedanken immer wieder unterbrechen können.

Das passiert auch dem Schüler des autogenen Trainings häufig. Dagegen gibt es nur eine Hilfe: Geduldig und ohne Willensanstrengung führt man die Gedanken wieder zu der Formel zurück. Wenn es überhaupt nicht gelingen will, sich zu konzentrieren, beginnt man noch einmal von vorne. Nützlich kann es in solchen Fällen auch sein, die Vorstellungen mechanisch herunterzuleiern. Zwar wirken sie dann schwächer, eine Wirkung erzielt man aber trotzdem. Zuweilen kann es sinnvoll sein, das Training zu verschieben, wenn auch der zweite Versuch nicht geklappt hat.

Im Laufe der Zeit fällt die Konzentration auf einen Gedanken immer leichter, und beim Fortgeschrittenen treten solche Störungen kaum noch auf. Seine verbesserte Konzentrationsfähigkeit wirkt sich auch im Alltag sehr günstig aus.

Die einzelnen Vorstellungen wiederholt man immer nur im Geiste. Nur ganz selten erzielt man durch leises Murmeln der Formeln bessere Erfolge, die meisten fühlen sich dadurch sogar gestört.

Die Ruheformel

Sobald sich der Schüler des autogenen Trainings bequem und locker niedergelegt oder gesetzt hat, stellt er sich – am besten mit einem tiefen Atemzug – einmal mit aller Inbrunst vor:

"Ich bin vollkommen ruhig."

Diese Ruheformel taucht während des gesamten Trainings immer wieder auf. Jedes Mal, wenn man sich eine der anderen Vorsatzformeln sechsmal vorgestellt hat, wiederholt man einmal die Ruheformel. Professor Schultz bezeichnete sie als „zielweisendes Einschiebsel", das dem Übenden immer wieder die Richtung weist.

Obwohl es sich hierbei noch um keinen regelrechten formelhaften Vorsatz zur Selbstbeeinflussung handelt, bewirkt diese Formel doch bei fast allen Schülern des autogenen Trainings in kurzer Zeit eine spürbare allgemeine Ruhigstellung, die als sehr wohltuend empfunden wird. Gerade heute, da immer mehr Menschen unter Nervosität, Hektik und Unruhe leiden, darf man den Wert dieser Worte nicht unterschätzen. Manchem hat allein die Ruheformel so viel Nutzen gebracht, dass er sie regelmäßig nach der Stirnkühle als positive Vorstellung zur Selbstbeeinflussung wiederholt und dadurch tatsächlich in jeder Situation ruhig und überlegen bleibt.

Armschwere und -wärme

Die erste „richtige" Formel des Trainings beruht auf der Beobachtung von Professor Schultz, dass seine Versuchspersonen in der Hypnose regelmäßig ein Schweregefühl vor allem in den Gliedern verspürten. Daraus leitete er ab, dass mit dieser Schwere die Umschaltung im vegetativen Nervensystem beginnt. Und da unsere Vorstellungen sich zu verwirklichen pflegen, wenn ihnen nicht andere, mindestens ebenso starke Vorstellungen entgegenstehen, kann praktisch jeder durch die Vorstellung von Schwere selbst diese Umschaltung einleiten.

Zahlreiche Versuche von Schultz zeigten ihm, dass das Schweregefühl leichter zu realisieren ist, wenn man die Vorstellung der Schwere nur auf einen Körperteil konzentriert. In der Regel wählt man dazu den rechten Arm. Für Linkshänder empfiehlt es sich, die Schwerevorstellung auf den bevorzugten, „ichnäheren" linken Arm zu konzentrieren. In Ausnahmefällen kann es auch einmal vorkommen, dass sich die Schwere an anderer Stelle einstellt, obwohl man die Vorstellung auf den Arm konzentrierte. So berichten Autoren von einem Fußballspieler, bei dem die Schwere regelmäßig im Bein auftrat, weil ihm seine Beine, mit denen er seinen Lebensunterhalt verdiente, eben „ichnäher" als die Arme waren.

Wer also beim Üben erlebt, dass sich die Schwere nicht dort bemerkbar macht, wo er es sich vorstellt, kann die Formel entsprechend seinen Reaktionen verändern. Versucht er trotzdem, seinen „Willen" durchzusetzen, wird er in diesem Kampf gegen das Unterbewusstsein unweigerlich verlieren und damit erfolglos bleiben.

Grundsätzlich beginnt man aber immer mit der intensiven Vorstellung:

„Rechter (linker) Arm ganz schwer."

Diese Formel wird in den ersten zwei Wochen bei jedem Training insgesamt 18-mal wiederholt. Nach je 6-mal schiebt man die Ruheformel ein.

Man sollte sich bei keiner Übung zweifelnd fragen, ob diese Vorstellungen tatsächlich Wirklichkeit werden, sondern sich auf den Augenblick freuen, in dem sich beispielsweise das Schweregefühl deutlich einstellt. Eine solche positive Einstellung fördert den Trainingserfolg.

Damit haben wir jetzt das Übungsprogramm für die ersten beiden Wochen kennen gelernt. Es wird täglich möglichst dreimal absolviert. Wir wollen es noch einmal zusammenfassen:

„Ich bin vollkommen ruhig.
Rechter (linker) Arm ganz schwer.
Rechter (linker) Arm ganz schwer.
Rechter (linker) Arm ganz schwer.
Rechter (linker) Arm ganz schwer.
Rechter (linker) Arm ganz schwer.
Rechter (linker) Arm ganz schwer.

Ich bin vollkommen ruhig.
Rechter (linker) Arm ganz schwer.
Rechter (linker) Arm ganz schwer.
Rechter (linker) Arm ganz schwer.
Rechter (linker) Arm ganz schwer.
Rechter (linker) Arm ganz schwer.
Rechter (linker) Arm ganz schwer.

Ich bin vollkommen ruhig.
Rechter (linker) Arm ganz schwer.
Rechter (linker) Arm ganz schwer.
Rechter (linker) Arm ganz schwer.
Rechter (linker) Arm ganz schwer.
Rechter (linker) Arm ganz schwer.
Rechter (linker) Arm ganz schwer. "

Danach folgt die Zurücknahme der Übungszustände, die auch dann erforderlich ist, wenn man überhaupt keine Wirkung verspürt hat. Wir
kommen darauf noch ausführlicher zu sprechen.

Manche Anfänger des autogenen Trainings spüren die Schwere schon
bei der ersten Übung, im Allgemeinen dauert es aber schon einige Tage,
ehe man ein deutliches Schweregefühl wahrnimmt. In Ausnahmefällen
kann die Schwere sogar wochenlang auf sich warten lassen. Dann hilft oft
die bildhafte Vorstellung, dass man eine schwere Tasche oder einen Kof-

fer in der Hand trägt. Oder man ersetzt „… ganz schwer" durch die Vorstellung „… bleiern schwer".

Keinesfalls darf ein anfänglicher Misserfolg zum Abbruch des Trainings führen. Die Schwere stellt sich immer ein, man muss nur geduldig weiterüben und keinen Zweifel zulassen.

Falsch wäre es, das Schweregefühl als bloße Einbildung abzutun. Zahlreiche medizinische Versuche bewiesen einwandfrei, dass durch Mehrdurchblutung des Arms tatsächlich eine objektiv messbare Gewichtszunahme eintritt. Dies belegt einmal mehr, wie stark unsere Vorstellungen die Körperfunktionen beherrschen.

Während der gesamten Übung sollte man sich wohl fühlen. Treten unangenehme Beschwerden auf, beendet man das Training mit der Zurücknahme und wiederholt es später noch einmal.

Sollten immer wiederkehrende gleiche Beschwerden auftreten, spricht man darüber möglichst bald mit einem im autogenen Training erfahrenen Fachmann. Diese Grundregel gilt auch für alle anderen Übungen.

Nach zwei Wochen beginnt man mit der Wärmeübung. Das gilt auch dann, wenn man noch keine Schwere verspürt, denn diese stellt sich im weiteren Verlauf des Trainings auch noch ein.

Häufiger wird man die Wärme im Arm aber schon vor der formelhaften Vorstellung, also während der ersten 14 Tage, verspürt haben. Trotzdem führt man konsequent zwei Wochen lang die Wärmeübung durch. Wie bei jedem anderen Training kommt es nämlich auch beim autogenen Training sehr darauf an, dass man den Trainingsplan genau einhält.

Für die Wärmeübung gilt sinngemäß, was schon zur Armschwere gesagt wurde. Man konzentriert die Vorstellung auf den „ichnäheren" Arm, zu dem man sich schon das Schweregefühl vorstellte. Die Formel lautet:

„Rechter (linker) Arm ganz warm."

Sobald man mit der Wärmeübung beginnt, reduziert man die Vorstellung der Armschwere auf sechs Wiederholungen. Dafür wird die Wärmeformel jetzt insgesamt 18-mal wiederholt, nach je sechsmal unterbrochen durch die Ruheformel.

Das Trainingsprogramm für die 3. und 4. Woche besteht also aus den folgenden Vorstellungen:

„Ich bin vollkommen ruhig.
Rechter (linker) Arm ganz schwer.
Rechter (linker) Arm ganz schwer.
Rechter (linker) Arm ganz schwer.
Rechter (linker) Arm ganz schwer.
Rechter (linker) Arm ganz schwer.
Rechter (linker) Arm ganz schwer.

Ich bin vollkommen ruhig.
Rechter (linker) Arm ganz warm.
Rechter (linker) Arm ganz warm.
Rechter (linker) Arm ganz warm.
Rechter (linker) Arm ganz warm.
Rechter (linker) Arm ganz warm.
Rechter (linker) Arm ganz warm.

Ich bin vollkommen ruhig.
Rechter (linker) Arm ganz warm.
Rechter (linker) Arm ganz warm.
Rechter (linker) Arm ganz warm.
Rechter (linker) Arm ganz warm.
Rechter (linker) Arm ganz warm.
Rechter (linker) Arm ganz warm.

Ich bin vollkommen ruhig.
Rechter (linker) Arm ganz warm.
Rechter (linker) Arm ganz warm.

Rechter (linker) Arm ganz warm.
Rechter (linker) Arm ganz warm.
Rechter (linker) Arm ganz warm.
Rechter (linker) Arm ganz warm."

Anschließend nimmt man die Übungszustände wieder zurück, gleichgültig, was man beim Training gespürt hat.

Das Wärmegefühl erreicht man oft leichter als die Armschwere. Wenn sich aber nach zwei Wochen noch immer keine Wärme im Arm einstellen will, wird man kurz vor Beginn des Trainings ein warmes Armbad durchführen und dabei vor allem auf das Wärmegefühl achten. Diese Erinnerung erleichtert beim Üben die intensive Wärmevorstellung. Auch hier gilt, dass man durch den unbeirrbaren Glauben an den Erfolg mit dauerndem Training schließlich auch in schwierigen Fällen immer das erwartete Ergebnis erreicht.

Wie die Schwere kann auch die Wärme objektiv nachgewiesen werden. Versuche ergaben, dass die Vorstellung von Wärme im Arm eine Entspannung der Blutgefäße mit deutlicher Mehrdurchblutung erzeugt. Die Temperatur des Arms kann sich dabei um mehr als zwei Grad erhöhen.

Bereits zu Anfang deuteten wir an, dass Schwere und Wärme nicht auf den Arm beschränkt bleiben, auf den man die Vorstellung konzentrierte. Das wäre auch wenig hilfreich, denn der ganze Körper soll sich entspannen. Jeder Muskel unseres Körpers wird von einem Geflecht vegetativer Nervenfasern umsponnen. Sie „teilen" den Spannungszustand (Tonus) der einen Muskelgruppe automatisch den anderen mit. Wenn wir also in einem begrenzten Bezirk eine Entspannung der Muskulatur herbeiführen, wird diese bei günstigen Voraussetzungen, wie sie durch die lockere Grundhaltung des autogenen Trainings gegeben sind, allmählich ohne unser Zutun auf den restlichen Körper übergreifen.

Mit zunehmender Übung spürt man im Laufe des Trainings immer deutlicher, wie Schwere und Wärme andere Körperteile erfassen, bis schließlich der ganze Körper schwer und warm wird. Beim Fortge-

27

schrittenen genügt allein die Vorstellung von Schwere und Wärme, um diese beiden Zustände sofort reflexartig im ganzen Körper auftreten zu lassen.

Die Ausbreitung über den ganzen Körper bezeichnet man als „Generalisierung". Das gleiche Wirkungsprinzip beobachten wir zum Beispiel auch bei den Kneipp'schen Wasseranwendungen. Die Wirkung eines Arm- oder Kniegusses beschränkt sich auch nicht auf das behandelte Glied, sondern beeinflusst über Reaktionen des Nervensystems und der Blutgefäße auch den übrigen Körper sehr günstig.

Herz- und Atemübung

Herzbeschwerden strahlen in andere Körperregionen aus, insbesondere in den linken Arm. Umgekehrt wirken sich aber auch Veränderungen der Muskelspannung und Durchblutung anderer Körperteile auf das Herz aus. Daraus erklärt sich, dass allein schon die Schwere- und Wärmeübung die Herzfunktionen günstig beeinflussen kann.

Verstärkt wird dieser Trainingseffekt durch die Herzübung selbst. Zugleich gilt diese dritte Übung allerdings als die problematischste des gesamten Trainings. Früher sah man im Herzen nämlich einen Sitz der Gefühle, eine Vorstellung, der man in Märchen und Legenden immer wieder begegnet. Obwohl wir heute wissen, dass es aus medizinischer Sicht „nur" ein Muskel ist, der das Blut durch den Körper pumpt, wirken solche Vorstellungen noch nach. Der Volksmund kennt viele Sprüche, in denen das deutlich wird, man denke an „Das Herz schlägt vor Angst bis zum Hals", „Seinem Herzen Luft machen", „Das Herz springt vor Freude" oder „Sich einen Vorwurf zu Herzen nehmen" und viele andere.

Dementsprechend reagiert das Herz auch auf die Vorstellungen beim autogenen Training sehr sensibel, was unter Umständen zu unerwünschten Nebenwirkungen führt. Zwar sind sie in der Regel nur unangenehm, aber harmlos. Trotzdem sollten alle, die autogenes Training nicht unter

Aufsicht, sondern nach einem Buch im Selbststudium erlernen, die Herzübung mit der gebotenen Vorsicht ausprobieren. Treten dabei keine Beschwerden auf – und das ist zum Glück in der Mehrzahl der Fälle so –, dann darf die Übung beibehalten werden. Sobald man sich aber unwohl fühlt oder unangenehme Empfindungen in der Herzgegend verspürt, wird das Training sofort mit der Zurücknahme abgebrochen. Entweder lässt man in Zukunft die Herzübung immer ausfallen und geht nach der Wärmeübung gleich zur Atemübung weiter, oder man bespricht die Schwierigkeiten mit dem Fachmann, um unter seiner Anleitung und Überwachung auch diese Übung zu erlernen.

Herzkranke können ihr Leiden unter Umständen günstig durch autogenes Training beeinflussen, dürfen die Übung aber nur mit Erlaubnis ihres Arztes durchführen.

Dieser Hinweis auf mögliche Nebenwirkungen der Herzübung ist leider erforderlich, obwohl er natürlich manchen von vornherein in Erwartungsangst versetzt, die dann auch prompt zu der befürchteten Nebenwirkung führt. Deshalb sollte man sich bemühen, trotz aller Warnungen möglichst gelassen und mit positiven Erwartungen an die Herzübung heranzugehen. In den meisten Fällen kommt es dann zu keinerlei Beschwerden.

Die Formel für die Herzübung kann bei Bedarf individuell abgewandelt werden. Zunächst versucht man es mit der bewährten Vorstellung:

„Herz schlägt ruhig und gleichmäßig (regelmäßig)."

Wer zu niedrigem Blutdruck neigt, kann statt dessen die Formel

„Herz schlägt ruhig und kräftig"

wählen. Sensible Menschen werden zuweilen besser mit dem Vorsatz

„Herz arbeitet ganz ruhig"

zurechtkommen oder das Herz überhaupt nicht direkt ansprechen, sondern formulieren:

„Puls schlägt ruhig und gleichmäßig (kräftig)."

Gerade die Auswahl unter mehreren geeigneten Formeln je nach Einzelfall zeigt eindringlich, wie wichtig eine gute Formulierung gerade bei der Herzübung ist.

Manche Anfänger des autogenen Trainings meinen es gut und stellen sich vor: „Herz schlägt ruhig und langsam".

Darauf kann das Organ mit unangenehmen Funktionsstörungen reagieren. Jede Formel, die von einem der vier oben genannten Vorschläge abweicht, muss unbedingt mit dem erfahrenen Fachmann abgesprochen werden.

Mit der Herzübung beginnt man in der fünften Woche unabhängig davon, wie deutlich Schwere und Wärme im Arm schon verspürt werden. Die Formel wird in gewohnter Weise 18-mal wiederholt, unterbrochen von der zielweisenden Ruheformel. Das Übungsprogramm für diese beiden Wochen sieht dann für den, der die Herzübung verträgt, wie folgt aus:

„Ich bin vollkommen ruhig.
Rechter (linker) Arm ganz schwer.
Rechter (linker) Arm ganz schwer.
Rechter (linker) Arm ganz schwer.
Rechter (linker) Arm ganz schwer.
Rechter (linker) Arm ganz schwer.
Rechter (linker) Arm ganz schwer.

Ich bin vollkommen ruhig.
Rechter (linker) Arm ganz warm.
Rechter (linker) Arm ganz warm.
Rechter (linker) Arm ganz warm.

Rechter (linker) Arm ganz warm.
Rechter (linker) Arm ganz warm.
Rechter (linker) Arm ganz warm.

Ich bin vollkommen ruhig.
Herz schlägt ruhig und regelmäßig.
Herz schlägt ruhig und regelmäßig.
Herz schlägt ruhig und regelmäßig.
Herz schlägt ruhig und regelmäßig.
Herz schlägt ruhig und regelmäßig.
Herz schlägt ruhig und regelmäßig."
(Den oberen Block noch zweimal wiederholen
oder eine der anderen drei Formeln.)

In gewohnter Weise nimmt man die Übungszustände danach wieder zurück.

Während man Wärme und Schwere im Arm deutlich wahrnimmt, kann man den Herzschlag gewöhnlich nicht spüren, also auch nicht ohne weiteres beurteilen, wie sich der Übungserfolg einstellt. Die „eleganteste" Lösung wäre ein Biofeedback-Gerät, mit dessen Hilfe man solche „stillen" Körperfunktionen wahrnehmbar machen kann. Es kostet aber immerhin mindestens 250 Euro. Billiger, aber ebenso wirkungsvoll ist ein kleiner Trick, an den man sich rasch gewöhnt. Dazu staut man mit einem Gummiring, den man nicht zu fest um eine Fingerkuppe legt, ein wenig das Blut und kann jetzt deutlich den Puls spüren.

Davon abgesehen, ist es nicht unbedingt erforderlich, den Übungserfolg auf diese Weise zu kontrollieren. Im Einzelfall kann die Spannung, die dabei entsteht, sogar hinderlich sein. Wer spürt, dass er unruhig darauf wartet, wie sein Herz auf die Formel reagiert, sollte besser auf jede Kontrolle der Wirkung verzichten.

Ähnlich wie das Herz wird auch die Atmung allein durch die Schwere- und Wärmeübung ruhiger und regelmäßiger. Diesen Effekt darf man nicht gering schätzen, denn in den Industriestaaten atmen nach Schätzungen der Fachleute mindestens 50 % aller Bewohner falsch. Charakteristisch ist die Kurzatmung, die der inneren Unruhe und Hektik dieser Menschen entspricht und jede Entspannung verhindert. Von dieser falschen Atmung wird auch das Herz betroffen, denn Herz und Lungen sind nicht nur anatomisch Nachbarn, sondern beeinflussen sich auch in ihren Funktionen.

Die Wirkung der beiden Grundübungen auf den Atemrhythmus wird durch die spezielle Atemübung gesteigert, mit der man in der siebten Woche beginnt. Dabei kommt es nicht darauf an, den Atem willentlich zu beeinflussen, ganz im Gegenteil. Sinn der Übung ist es vielmehr, zum natürlichen Atemrhythmus zurückzukehren, es einfach „atmen zu lassen". Wer die Atmung willkürlich beeinflusst, steigert dadurch häufig noch die Verspannungen der Atemmuskulatur. Der Körper ist von Natur aus so programmiert, dass er die Atmung stets automatisch dem jeweiligen Sauerstoffbedarf anpasst. Deshalb darf man sich getrost der „Vernunft" des Körpers hingeben, also den Steuerungsmechanismen die Atmung überlassen. Dann wird man bald erleben, wie die Atmung deutlich ruhiger und regelmäßiger wird, wobei man viele Verspannungen verliert.

Um diese „Hingabe" an den natürlichen Atemrhythmus zu unterstreichen, ersetzte Professor Schultz die sonst allgemein übliche Ruheformel bei der Atemübung durch den zielweisenden Vorsatz:

„Es atmet mich."

Er wird wie die Ruheformel bei den anderen Übungen vor der Atemformel und nach je sechs Wiederholungen einmal eingeschoben.

Die Atemformel selbst lautet in der Regel:

„Atmung ganz ruhig."

Nervösen und sehr unruhigen Menschen kann die erweiterte Vorstellung

„Atmung ganz ruhig und regelmäßig"

empfohlen werden.

In der siebten und achten Woche lauten die Formeln also:

„Ich bin vollkommen ruhig.
Rechter (linker) Arm ganz schwer.
Rechter (linker) Arm ganz schwer.
Rechter (linker) Arm ganz schwer.
Rechter (linker) Arm ganz schwer.
Rechter (linker) Arm ganz schwer.
Rechter (linker) Arm ganz schwer.

Ich bin vollkommen ruhig.
Rechter (linker) Arm ganz warm.
Rechter (linker) Arm ganz warm.
Rechter (linker) Arm ganz warm.
Rechter (linker) Arm ganz warm.
Rechter (linker) Arm ganz warm.
Rechter (linker) Arm ganz warm.

Ich bin vollkommen ruhig.
Herz schlägt ruhig und gleichmäßig.
Herz schlägt ruhig und gleichmäßig.
Herz schlägt ruhig und gleichmäßig.
Herz schlägt ruhig und gleichmäßig.
Herz schlägt ruhig und gleichmäßig.
Herz schlägt ruhig und gleichmäßig.

(Oder eine der anderen drei Formeln, vorausgesetzt, dass die Herzübung vertragen wird.)

Es atmet mich.
Atmung ganz ruhig (und regelmäßig).
Atmung ganz ruhig (und regelmäßig).
Atmung ganz ruhig (und regelmäßig).
Atmung ganz ruhig (und regelmäßig).
Atmung ganz ruhig (und regelmäßig).
Atmung ganz ruhig (und regelmäßig).

Es atmet mich.
Atmung ganz ruhig (und regelmäßig).
Atmung ganz ruhig (und regelmäßig).
Atmung ganz ruhig (und regelmäßig).
Atmung ganz ruhig (und regelmäßig).
Atmung ganz ruhig (und regelmäßig).
Atmung ganz ruhig (und regelmäßig).

Es atmet mich.
Atmung ganz ruhig (und regelmäßig).
Atmung ganz ruhig (und regelmäßig).
Atmung ganz ruhig (und regelmäßig).
Atmung ganz ruhig (und regelmäßig).
Atmung ganz ruhig (und regelmäßig).
Atmung ganz ruhig (und regelmäßig)."

Danach nimmt man die Übungszustände wieder zurück.

Wärme im Sonnengeflecht

In der Tiefe des Oberbauchs, unmittelbar unterhalb der Durchtrittsöff-
nung für die absteigende Aorta (Körperhauptschlagader) im Zwerchfell,
liegt der Plexus solaris (Sonnengeflecht), das größte Nervengeflecht des

vegetativen Nervensystems. Es spielt wegen seiner Bedeutung für wichtige Körperfunktionen bei vielen Entspannungstechniken eine große Rolle, unter anderem auch in der indischen Yogalehre.

Seinen genauen Sitz verdeutlicht man sich am besten, indem man mit einer Hand das Ende des Brustbeins, mit der anderen den Bauchnabel tastet. Zwischen diesen beiden Punkten hinter dem Magen befindet sich der Solarplexus.

Zum Sonnengeflecht ziehen unter anderem mehrere Nerven des Sympathikus und Äste des Vagusnervs. Seine wegführenden Äste versorgen die Verdauungsorgane Magen, Leber, Bauchspeicheldrüse, Dünndarm und einen Teil des Dickdarms, ferner Nieren, Nebennieren und die Milz. Auch die Durchblutung dieser Organe wird vom Sonnengeflecht gesteuert. Entlang der Aorta ziehen Verbindungen vom Sonnengeflecht abwärts zu Nervengeflechten im Becken und Unterbauch.

Vor allem im Boxsport ist der Solarplexus bekannt und gefürchtet. Trifft ein Schlag auf dieses Geflecht, dann erweitern sich reflektorisch alle von ihm versorgten Blutgefäße so stark, dass sie einen großen Teil des Blutes aufnehmen. Das führt zur Blutleere im übrigen Körper, insbesondere im Gehirn, also zu Bewusstlosigkeit.

Wie stark unsere Bauchorgane über das Sonnengeflecht am Seelenleben beteiligt sind, beweisen zahlreiche gesicherte medizinische Erkenntnisse aus neuerer Zeit. So weiß man heute zum Beispiel, dass Leberleiden häufig mit Depressionen einhergehen, umgekehrt Depressionen auch die Leberfunktion beeinträchtigen. Schreck kann tatsächlich zum plötzlichen Durchfall führen, laufende innere Spannung den Darm derart verkrampfen, dass chronische Stuhlverstopfung entsteht. Schließlich sei noch daran erinnert, dass chronische Magenkrankheiten, vor allem Magengeschwüre, fast immer aus seelischer Ursache entstehen oder zumindest dadurch begünstigt werden.

Lange bevor es die psychosomatische Medizin gab, die solche Zusammenhänge aufzuklären versucht, wusste der Volksmund schon um sie. Das schlug sich in Sprüchen wie „Etwas liegt schwer im Magen", „Eine

Laus ist über die Leber gelaufen", „Gift und Galle spucken" oder „Es kommt einem die Galle hoch" und anderen nieder.

Nach dieser Einleitung wird verständlich, wie wichtig die Entspannung der sensiblen Bauchorgane ist. Damit beginnt man in der neunten Woche nach Trainingsanfang, indem man sich ein wohltuendes Gefühl der Wärme in der Gegend des Sonnengeflechts vorstellt. Wärme bewirkt immer eine Lösung von Verspannungen und Krämpfen. Das erlebt man zum Beispiel auch dann, wenn man bei einer Nieren- oder Gallenkolik zur Soforthilfe warme Kompressen auflegt. Der Unterschied besteht darin, dass die Wärme im autogenen Training durch bloße Vorstellung erzeugt wird.

Die Grundformel für die Wärme im Leib lautet:

„Sonnengeflecht strömend warm."

In den meisten Fällen reicht diese Vorstellung aus, um im Oberbauch, manchmal auch zuerst in der Nierengegend oder sofort im ganzen Leib angenehme Wärme zu erzeugen.

Wer sich mit dem Begriff Sonnengeflecht nicht anfreunden kann, stellt sich stattdessen vor:

„Magen (oder Bauch) strömend warm."

In seltenen Ausnahmefällen erzeugt die Vorstellung „Bauch strömend warm" eine Abwehrreaktion. Mit dem Bauch verbindet man in der Vorstellung nicht nur einen bestimmten Körperabschnitt, sondern auch Körperfunktionen, die in unserer Kultur lange Zeit mit Tabus umgeben wurden oder es noch immer sind, vor allem Sexualität und Ausscheidung von Stuhl und Urin. Bei entsprechender innerer Einstellung können solche unbewussten Tabus der Verwirklichung der Wärmevorstellung hindernd im Wege stehen.

Gewöhnlich spürt man das Wärmegefühl im Leib schon bald. Lässt der Erfolg länger als zwei Wochen auf sich warten, greift man auf Hilfsvorstellungen zurück. So hat es sich gut bewährt, wenn man sich intensiv vergegenwärtigt, wie die Luft beim Ausatmen den Oberbauch verlässt. Oder man stellt sich bildhaft vor, wie die Sonne auf den Leib scheint.

Überraschend wirkt oft auch die Vorstellung, dass man ein Glas hoch konzentrierten Alkohol auf leeren Magen getrunken hat und sich die Wärme vom Magen her im Bauch ausbreitet. Geduldige bildhafte Vorstellung der Wärme und unbeirrbares Vertrauen in die Kraft dieser Vorstellung überwinden mit Sicherheit alle anfänglichen Probleme.

Das Übungsprogramm der neunten und zehnten Woche lautet jetzt also:

„Ich bin vollkommen ruhig.
Rechter (linker) Arm ganz schwer.
Rechter (linker) Arm ganz schwer.
Rechter (linker) Arm ganz schwer.
Rechter (linker) Arm ganz schwer.
Rechter (linker) Arm ganz schwer.
Rechter (linker) Arm ganz schwer.

Ich bin vollkommen ruhig.
Rechter (linker) Arm ganz warm.
Rechter (linker) Arm ganz warm.
Rechter (linker) Arm ganz warm.
Rechter (linker) Arm ganz warm.
Rechter (linker) Arm ganz warm.
Rechter (linker) Arm ganz warm.

Ich bin vollkommen ruhig.
Herz schlägt ruhig und gleichmäßig.
Herz schlägt ruhig und gleichmäßig.
Herz schlägt ruhig und gleichmäßig.
Herz schlägt ruhig und gleichmäßig.

Herz schlägt ruhig und gleichmäßig.
Herz schlägt ruhig und gleichmäßig.

(Oder andere Formel, aber nur, wenn die Herzübung vertragen wird.)

Es atmet mich.
Atmung ganz ruhig (und regelmäßig).
Atmung ganz ruhig (und regelmäßig).
Atmung ganz ruhig (und regelmäßig).
Atmung ganz ruhig (und regelmäßig).
Atmung ganz ruhig (und regelmäßig).
Atmung ganz ruhig (und regelmäßig).

Ich bin vollkommen ruhig.
Sonnengeflecht (Bauch, Magen) strömend warm.
Sonnengeflecht (Bauch, Magen) strömend warm.
Sonnengeflecht (Bauch, Magen) strömend warm.
Sonnengeflecht (Bauch, Magen) strömend warm.
Sonnengeflecht (Bauch, Magen) strömend warm.
Sonnengeflecht (Bauch, Magen) strömend warm.

Ich bin vollkommen ruhig.
Sonnengeflecht (Bauch, Magen) strömend warm.
Sonnengeflecht (Bauch, Magen) strömend warm.
Sonnengeflecht (Bauch, Magen) strömend warm.
Sonnengeflecht (Bauch, Magen) strömend warm.
Sonnengeflecht (Bauch, Magen) strömend warm.
Sonnengeflecht (Bauch, Magen) strömend warm.

Ich bin vollkommen ruhig.
Sonnengeflecht (Bauch, Magen) strömend warm.
Sonnengeflecht (Bauch, Magen) strömend warm.

Sonnengeflecht (Bauch, Magen) strömend warm.
Sonnengeflecht (Bauch, Magen) strömend warm.
Sonnengeflecht (Bauch, Magen) strömend warm.
Sonnengeflecht (Bauch, Magen) strömend warm."

Danach nimmt man die Übungszustände unbedingt wieder zurück, denn sie sind nur für das Training gedacht, im Alltag könnten sie als unangenehm empfunden werden.

Die Stirnkühle

Mit dieser letzten Grundübung des autogenen Trainings beginnt man in der elften Woche. Sie beruht auf der Beobachtung, dass seelische Vorgänge sich häufig in veränderter Durchblutung des Gesichts ausdrücken. Da bekommt jemand aus Scham oder Verlegenheit einen roten Kopf, ein anderer wird blass vor Schreck oder Zorn – die Beispiele für solche Beziehungen könnten noch Seiten füllen.

Auch im Volksmund weiß man seit langem um solche Zusammenhänge, man denke an die Weisheit „Kühler Kopf und Füße warm, macht den besten Doktor arm" oder Sprüche wie „Den Kopf hängen lassen", „Kühlen Kopf behalten", „Nicht wissen, wo einem der Kopf steht" und „Jemanden vor den Kopf stoßen".

Mit der Stirnkühle vollendet man die vollkommene Entspannung des gesamten Körpers und wirkt zugleich beruhigend auf Geist und Seele. Viele Patienten, die im Alltagsstress leicht „den Kopf verlieren" und meinen, dass ihnen die Arbeit „über den Kopf wächst", konnten sich mit Hilfe der Stirnübung schon so günstig beeinflussen, dass sie bald in jeder Situation einen kühlen, klaren Kopf behielten und sie sicher und überlegen meisterten.

Wie stark die Vorstellung der kühlen Stirn wirken kann, beweisen jene Übenden, die einen besonders guten Erfolg erzielen wollten und sich statt „kühl" gleich „kalt" vorstellten. Vor einer solchen Änderung der Formel kann nicht oft genug gewarnt werden, denn sie führt häufig zu Schwindelanfällen bis hin zu Ohnmacht und kann heftige Kopfschmerzen provozieren. Deshalb hält man sich strikt an die Vorstellung

„Stirn angenehm kühl".

Sie führt immer zum Erfolg, man muss nur die Geduld aufbringen, um einige Tage, seltener Wochen darauf zu warten. Aber wer das Training bis zur Stirnübung durchgehalten hat, dem wird das nicht mehr schwer fallen.

Damit haben wir jetzt das gesamte Übungsprogramm der Unterstufe des autogenen Trainings vorgestellt, ausgenommen die Formel für die Zurücknahme. Die Formeln sollen noch einmal gesammelt an dieser Stelle wiederholt werden:

„Ich bin vollkommen ruhig.
Rechter (linker) Arm ganz schwer.
Rechter (linker) Arm ganz schwer.
Rechter (linker) Arm ganz schwer.
Rechter (linker) Arm ganz schwer.
Rechter (linker) Arm ganz schwer.
Rechter (linker) Arm ganz schwer.

Ich bin vollkommen ruhig.
Rechter (linker) Arm ganz warm.
Rechter (linker) Arm ganz warm.
Rechter (linker) Arm ganz warm.
Rechter (linker) Arm ganz warm.
Rechter (linker) Arm ganz warm.
Rechter (linker) Arm ganz warm.

Ich bin vollkommen ruhig.
Herz schlägt ruhig und gleichmäßig.
Herz schlägt ruhig und gleichmäßig.
Herz schlägt ruhig und gleichmäßig.
Herz schlägt ruhig und gleichmäßig.
Herz schlägt ruhig und gleichmäßig.
Herz schlägt ruhig und gleichmäßig.

(Mit den erwähnten Einschränkungen und Änderungen.)

Es atmet mich.
Atmung ganz ruhig (und regelmäßig).
Atmung ganz ruhig (und regelmäßig).
Atmung ganz ruhig (und regelmäßig).
Atmung ganz ruhig (und regelmäßig).
Atmung ganz ruhig (und regelmäßig).
Atmung ganz ruhig (und regelmäßig).

Ich bin vollkommen ruhig.
Sonnengeflecht (Bauch, Magen) strömend warm.
Sonnengeflecht (Bauch, Magen) strömend warm.
Sonnengeflecht (Bauch, Magen) strömend warm.
Sonnengeflecht (Bauch, Magen) strömend warm.
Sonnengeflecht (Bauch, Magen) strömend warm.
Sonnengeflecht (Bauch, Magen) strömend warm.

Ich bin vollkommen ruhig.
Stirn angenehm kühl.
Stirn angenehm kühl.
Stirn angenehm kühl.
Stirn angenehm kühl.
Stirn angenehm kühl.
Stirn angenehm kühl.

Ich bin vollkommen ruhig.
Stirn angenehm kühl.
Stirn angenehm kühl.
Stirn angenehm kühl.
Stirn angenehm kühl.
Stirn angenehm kühl.
Stirn angenehm kühl.

Ich bin vollkommen ruhig.
Stirn angenehm kühl.
Stirn angenehm kühl.
Stirn angenehm kühl.
Stirn angenehm kühl.
Stirn angenehm kühl.
Stirn angenehm kühl. "

Danach erfolgt die Zurücknahme, die im nächsten Kapitel erläutert wird.

Wenn man nach einigen Tagen spürt, wie sich die Stirnkühle sehr rasch einstellt, genügt es, die Formel „Stirn angenehm kühl" wie die anderen nur noch sechsmal zu wiederholen und dann die Übungszustände zurückzunehmen.

Nach diesem Übungsschema trainiert man in der Folgezeit konsequent täglich zwei- bis dreimal, zumindest aber abends vor dem Einschlafen. Im Laufe der Zeit stellen sich die Übungszustände immer schneller ein, Schwere und Wärme treten wie ein Reflex auf.

Dann ist die Zeit gekommen, um die Unterstufe des autogenen Trainings abzukürzen, damit danach mehr formelhafte Vorsätze suggeriert werden können. Dazu fasst man die sechs Übungszustände in der folgenden Vorstellung zusammen:

„Ruhe – Schwere – Wärme.
Herz und Atmung ganz ruhig und regelmäßig.

Sonnengeflecht (Bauch, Magen) strömend warm.
Stirn angenehm kühl. "

Danach wird der Geübte in vollständiger Entspannung versunken sein und kann sich entweder nach kurzer Zeit mit neuen Kräften wieder an seine Arbeit begeben (die Zurücknahme bitte nicht vergessen) oder er kann sich durch Vorsatzformeln selbst beeinflussen, die ähnlich wie in der Hypnose im Unterbewusstsein eingeprägt werden und dann im Alltag nachwirken.

Auf die Verkürzung der Einleitungsübungen des autogenen Trainings kommen wir bei der Oberstufe wieder zu sprechen.

Zurücknahme nach jeder Übung

Die Vorstellung verschiedener Übungszustände während des Trainings ruft im Körper tatsächlich Veränderungen hervor, die teilweise objektiv nachweisbar sind. Für die Dauer der Übungen sind solche Umschaltungen erwünscht und notwendig. Man muss sich aber stets vor Augen halten, dass die völlige Entspannung und innere Ruhe ein vorübergehender Ausnahmezustand bleibt, der sich mit dem aktiven Leben nicht vereinbaren lässt. Deshalb werden die Übungszustände nach beendetem Training jedes Mal zurückgenommen.

Zwar ist es nicht gefährlich, wenn man diese Zurücknahme vergisst, es kann aber recht unangenehm werden. Das Schweregefühl im Arm, das man beim Training als angenehm empfindet, kann sehr hinderlich werden, wenn es einige Stunden andauert, weil man die Zurücknahme vergaß. Nicht selten rächt sich dieses Versäumnis auch durch lästiges Kribbeln und Ziehen in Armen, Beinen oder im übrigen Körper. Deshalb gilt grundsätzlich: Nach jedem Training, gleichgültig, ob man nur die erste oder alle sechs Grundübungen durchführte, wird der Trainingszustand wieder aufgehoben.

Die Formel für die Zurücknahme lautet:

„Arme beugen und strecken – tief atmen – Augen auf!"

Dabei sollen die Arme energisch bewegt werden, dann atmet man einmal tief und öffnet erst dann die Augen. Erfahrungsgemäß gelingt die Zurücknahme nicht so gut, wenn man sich nicht an diese Reihenfolge hält, zum Beispiel zuerst die Augen öffnet, dann tief atmet und die Arme bewegt.

Auch wenn man glaubt, überhaupt keine Wirkung beim Training erzielt zu haben, muss zurückgenommen werden. Fast immer erzeugen die Vorstellungen eine Wirkung, auch wenn sie anfangs noch zu schwach ist, als dass man sie wahrnehmen könnte.

Spürt man nach dem Training unangenehme Empfindungen, weil man die Zurücknahme vergessen oder nicht korrekt durchgeführt hat, beseitigt man diesen Zustand auf einfache Art. Man beginnt nochmals mit dem Training und nimmt nach der Schwereübung sorgfältig mit der oben genannten Vorstellung alle Veränderungen zurück.

Ausfallen darf die Zurücknahme nur in zwei Fällen. Wenn man während des Trainings einschläft, wird nach dem Erwachen keine Veränderung mehr bestehen. Das gilt auch dann, wenn der Schlaf nur kurz dauerte. Es schadet nicht, beim Aufwachen doch noch zurückzunehmen, ist aber nicht erforderlich. Das Gleiche gilt, wenn man beim Üben durch einen Kurzschock aufgeschreckt wird, etwa durch Telefon oder Türglocke. Dieser Schock wirkt ebenso, als hätte man die Übungen mit der üblichen Zurücknahme beendet.

Mit zunehmender Übung geht die Zurücknahme ebenso wie die anderen Formeln in Fleisch und Blut über, nur der Anfänger muss noch daran denken, dass er sie unbedingt durchführen muss.

Selbstbeeinflussung im autogenen Training

„Es wird die Zeit kommen, wo es als Schande gilt, krank zu sein, wo man Krankheiten als Wirkung verkehrter Gedanken erkennen wird."

(Wilhelm von Humboldt, 1767–1835)

Sicher gelten diese Worte des preußischen Staatsmannes Wilhelm von Humboldt nicht für jede Krankheit – einen wahren Kern enthalten sie aber bestimmt. Das beweisen die zahllosen praktischen Beispiele von Menschen, die sich selbst positiv beeinflussen konnten. Einer der namhaftesten, der bedeutende deutsche Philosoph Immanuel Kant, zeitlebens ein kränkelnder Mann, sagte einmal von sich: „Ich tue stets so, als ob meine Beschwerden mich nichts angingen." Ohne diese Einstellung hätte er sein bedeutendes Lebenswerk wohl nicht schaffen können.

Die innere Kraft, die Kant und viele andere über sich hinauswachsen ließ, steckt in jedem Menschen. Die meisten ahnen leider nichts davon und können sie nicht nutzen. Dieses Kapitel wird dazu anleiten, im autogenen Training positive Vorstellungen zu entwickeln und sie als praktische Lebenshilfe und zur Vorbeugung oder Linderung von Krankheiten einzusetzen, so wie es ganz zu Anfang dieses Buches in einem Bericht aus der Praxis demonstriert wurde.

Vorstellungen regieren unser Leben

Die moderne Psychologie vertritt heute die Ansicht, dass unser ganzes Leben fortwährend durch bewusste und unbewusste Suggestionen bestimmt wird. Der Psychologe Fritz Lambert, ein angesehener Fachmann, meinte einmal: „Alles, was uns seelisch beeinflusst, ist Suggestion, denn in dem Augenblick, in dem wir einer seelischen Beeinflussung unterliegen, wird ein entsprechender Glaube ausgelöst." Und Professor Baudouin erklärte: „Suggestion ist die unterbewusste Verwirklichung einer Idee." Zum Teil wirken diese Suggestionen von außen auf uns ein, man denke wieder an die Werbung.

Viel wichtiger ist aber die Selbstbeeinflussung, denn ihr sind wir ständig ausgesetzt. Jeder Gedanke, den wir in unserem Kopf bewegen, erzeugt eine Vorstellung, die unsere Gefühle, das Verhalten, die Urteilskraft und Willensentscheidungen entscheidend beeinflusst. Und über das vegetative Nervensystem, auf das wir willkürlich keinen Einfluss nehmen können, wirken viele Vorstellungen auch bis in jede Zelle hinein. Deshalb ist die Behauptung nicht übertrieben, dass negative Gedanken körperliche Krankheiten erzeugen, positive Vorstellungen sie heilen können. Ein Versuchsbericht soll die Macht der Vorstellungen auf den Organismus überzeugend demonstrieren:

Ein Wissenschaftler suggerierte hypnotisierten Versuchspersonen, dass sie 1 l Flüssigkeit trinken. Tatsächlich erhielten sie aber keinen Tropfen. Trotzdem ergab die Messung der ausgeschiedenen Urinmenge, dass sie ungefähr 1 l mehr Harn als normal entleerten.

Man wird dagegen einwenden, dass dieser verblüffende Test, der in ähnlicher Weise häufig nachvollzogen wurde, eben durch Fremdsuggestion zustande kam. Im Grunde ist eine solche Unterteilung in Fremd- und Selbstbeeinflussung aber unberechtigt. Jede Suggestion von außen muss zunächst in unserer Vorstellung aufgenommen werden, um wirken zu können. Damit wird sie aber zur Selbstbeeinflussung.

Es scheint symptomatisch für die tiefe Unsicherheit und Existenzangst des Menschen unserer Tage, dass er die Kraft der Vorstellungen überwiegend negativ anwendet. Wer so häufig, wie es heute üblich geworden ist, negative Gedanken, Ängste und Zweifel in sich trägt, darf sich nicht wundern, wenn sie prompt alle Realität werden und den Pessimismus noch verstärken. Deshalb kann das autogene Training zum großen, universalen Heilmittel der Zeitkrankheiten Angst, Zweifel und Hoffnungslosigkeit werden, unserer von Katastrophen, Kriegen, Vereinsamung und seelischer Not zerrütteten Generation wieder einen tieferen Lebenssinn aufzeigen.

Wer im autogenen Training gelernt hat, sich zu entspannen, überwindet seine Angst, denn Entspannung und Angst sind unvereinbar. Wer im autogenen Training gelernt hat, seine Gedanken zu konzentrieren und zu kontrollieren, überwindet negative Vorstellungen, denn er kann sie im Keim ersticken, noch ehe sie schaden. Befreit von Angst und negativen Gedanken, wird er lernen, wieder an sich selbst zu glauben – und von diesem Augenblick an spürt er von Tag zu Tag deutlicher die Macht seiner positiven Vorstellungen, so wie er früher unter der lähmenden, zerstörerischen Kraft seiner negativen Gedanken litt.

Vorstellungen regieren unser Leben, dieses Naturgesetz gilt für jeden von uns. Sie entscheiden mit, ob wir uns wohl fühlen oder krank werden. Sie beeinflussen eine Partnerschaft, Ehe, Freundschaft, jede zwischenmenschliche Beziehung können sie über die größten Schwierigkeiten hinwegretten oder zerstören. Vorstellungen lassen hoffnungsvolle Karrieren scheitern oder ungeahnte Erfolge erzielen. Vorstellungen können einen Menschen umbringen – oder ihn vor dem vermeintlich sicheren Tod bewahren. Wir sollten lernen, uns dieser ungeheuren Kraft in uns überlegt und gezielt zu bedienen, dann wird sie unser Leben positiv verändern.

Entwicklung bildhafter positiver Vorstellungen

Nur das, was wir uns vorzustellen vermögen, kann sich auch verwirklichen, denn die Sprache unseres Unterbewusstseins sind die Bilder. Gerade die Fähigkeit zur bildhaften Vorstellung verkümmert heute aber bei vielen Menschen zusehends. Im Alltag meint man, dass Logik und Willen notwendig sind, aber keine Vorstellungskraft. Dies ist zumindest so pauschal nicht richtig. Man darf nicht übersehen, dass erst die Vorstellung unseren Willen lenkt. Und die Praxis beweist, dass völlig logische Vorstellungen unwirksam sind, wenn man sie sich nicht bildhaft vorstellt, während ganz unlogische durch intensive bildhafte Vorstellungen stark wirksam werden.

Schon das autogene Training allein kann die verkümmerte bildhafte Vorstellungskraft wieder wecken. Zusätzlich empfiehlt es sich, systematisch die Vorstellungskraft zu trainieren. Die indische Yogalehre kennt dazu einige sehr wirksame Übungen, auf die wir gleich zu sprechen kommen. Zuvor muss aber noch mit einem verbreiteten Vorurteil aufgeräumt werden, das in den letzten Jahrzehnten stark in Mode kam – das Vorurteil gegen die Einbildung. Zahlreiche psychosomatisch Kranke, deren körperliche Funktionsstörungen durch seelische Prozesse verursacht werden, leiden darunter, dass man sie als „eingebildete Kranke" abtut. Gewiss, für ihre Beschwerden lassen sich keine organischen Ursachen nachweisen. Trotzdem leiden sie subjektiv oft mehr darunter als der organisch Kranke. Der Sinn, in dem das Wort Einbildung abwertend gebraucht wird, wird ihnen also nicht gerecht und stellt sie auf die gleiche Stufe mit den überlegten Simulanten.

Geht man dem eigentlichen Sinn des Wortes Einbildung ernsthaft nach, dann stellt man fest, dass es „Einverleibung von Bildern" bedeutet. Es sollte uns sehr nachdenklich stimmen, dass eine solche positive menschliche Fähigkeit heute im Alltag offenbar so wenig gefragt ist, dass man sie mit derartigen Vorurteilen umgibt. Für die Selbstbeeinflussung im autogenen Training erweist sich die Einbildungskraft eines Menschen als unentbehrlich. Je besser er sich bildhafte Vorstellungen einverleiben kann, desto bessere Erfolge wird er erzielen.

Die nachstehenden Übungen dienen dazu, die Entwicklung bildhafter Vorstellungen zu trainieren. Sie ergänzen somit sinnvoll das autogene Training. Man kann im Laufe der Zeit verschiedene dieser Übungen durchführen oder immer wieder die gleiche, das ist von untergeordneter Bedeutung. Es kommt vielmehr darauf an, möglichst regelmäßig zu üben, bis schließlich eine Vorstellung sogleich reflexartig das entsprechende Bild hervorruft.

Am besten trainiert man die Vorstellungskraft immer abends vor dem letzten autogenen Training. Aber auch im Laufe des Tages ergeben sich manche Gelegenheiten zum Üben.

Übung I

Setzen oder legen Sie sich locker und entspannt wie zum autogenen Training nieder. Schließen Sie kurze Zeit die Augen, um sich zu sammeln. Danach öffnen Sie sie wieder und versenken sich für etwa 30 Sekunden in die intensive Betrachtung eines Gegenstandes in Ihrer Umgebung, zum Beispiel das Muster eines Teppichs, eine Lampe, Vase oder Ähnliches. Das Objekt sollte in einer Entfernung von 2 bis 3 m von Ihnen stehen. Nun schließen Sie die Augen wieder und versuchen, sich den Gegenstand so plastisch wie möglich in allen Einzelheiten vor Ihrem inneren Auge vorzustellen. Zunächst gelingt das nur schwer, die Gedanken irren immer wieder ab, und es will sich kein klares Bild entwickeln. Mit zunehmender Übung geht es aber immer besser. Sobald Sie den Gegenstand ganz deutlich „sahen", atmen Sie langsam aus, öffnen die Augen und vergleichen das vorgestellte Bild mit dem wirklichen Gegenstand.

Diese Übung wiederholt man mit kurzen Unterbrechungen noch viermal. Wer diese Übung dauernd durchführt, darf natürlich nicht immer den gleichen Gegenstand zur Betrachtung wählen. Man wechselt dann, wenn man ein Objekt völlig klar und plastisch vor dem inneren Auge gesehen hat, so dass keine Verbesserung mehr möglich ist.

Übung II

Diese Übung wird abends vor dem Zubettgehen durchgeführt. Dazu stellt man sich vor einen großen Spiegel, die Hände auf dem Hinterkopf gefaltet, die Schultern zurückgenommen und den Bauch eingezogen. Das Gesicht bleibt entspannt, während Sie sich unverwandt anfangs etwa zwei, später bis zu fünf Minuten im Spiegel anschauen. In dieser Zeit stellt

49

sich bei fast jedem Menschen das Bedürfnis ein, sich zu kratzen oder durch die Haare zu fahren. Es ist wichtig, dem Kribbeln und Jucken nicht nachzugeben.

Sobald die Zeit der Selbstbetrachtung vorüber ist, setzen oder legen Sie sich nieder und lassen alle Muskeln erschlaffen. Der Körper befindet sich jetzt in einem Zustand wohltuender Ruhe, der für die folgende Übung wichtig ist. Richten Sie Ihren Blick auf einen beliebigen Gegenstand im Raum, und versenken Sie sich für etwa fünf Minuten ganz in seine Betrachtung. Dabei atmen Sie zwanglos ruhig und gelassen. Die Gedanken, die während dieser Zeit auftauchen, beachten Sie überhaupt nicht. Lassen Sie sie ganz zwanglos kommen und gehen, und geben Sie sich ganz der Betrachtung hin.

Nach etwa fünf Minuten atmen Sie plötzlich so tief wie möglich aus, dann tief und langsam ein und sagen sich in Gedanken: „Von diesem Augenblick an erfüllt mich nur noch die Vorstellung von einer einzigen Sache." Es ist gleichgültig, was Sie sich vorstellen, es soll Sie aber ganz erfüllen. Sie können sich zum Beispiel ein Gesicht ganz deutlich vorstellen oder einen Gegenstand in allen Einzelheiten ausmalen – es kommt nur darauf an, diese eine Vorstellung so lange wie möglich festzuhalten. Nach anfänglichen Schwierigkeiten wird man bald so weit sein, diese Vorstellung 10 bis 15 Minuten im Geist zu behalten, ohne abzuweichen.

Übung III

Stellen Sie eine brennende Kerze auf den Tisch, und setzen Sie sich locker und entspannt in etwa 1 m Abstand davor nieder, so dass sich die Flamme etwa in Augenhöhe befindet. Die Flamme soll ganz ruhig brennen, vermeiden Sie also jeden Luftzug, und schneiden Sie den Docht entsprechend zurecht. Versenken Sie sich eine Minute lang in den Anblick der ruhig brennenden Flamme. Dann schließen Sie die Augen und stellen sich die ruhige Kerzenflamme mindestens 30 Sekunden lang intensiv vor. Dann öffnen Sie die Augen und vergleichen das innere Bild mit der wirklichen Flamme. Steigern Sie allmählich die Zeit der inneren Betrachtung bis auf fünf Minuten. Tägliches Training führt im Laufe der Zeit immer wieder zum Erfolg.

Übung IV

Legen Sie einen beliebigen Gegenstand vor sich auf den Tisch, und betrachten Sie ihn zwei Minuten lang ganz intensiv. Dann schließen Sie 30 Sekunden lang die Augen, um das Bild in sich aufzunehmen. Nachdem Sie die Augen wieder geöffnet haben, legen Sie den Gegenstand zur Seite oder decken ihn zu und zeichnen ihn nach ihrer inneren Vorstellung so genau wie möglich nach. Vergleichen Sie anschließend Ihre Zeichnung mit dem Objekt, und üben Sie jeden Tag, bis die Zeichnung vollkommen dem tatsächlichen Gegenstand entspricht. Dann wählen Sie für die weiteren Übungen andere Gegenstände aus.

Übung V

Bei dieser Übung geht es darum, sich abstrakte Begriffe bildhaft vorzustellen, zum Beispiel Gefühle wie Liebe (nie negative Gefühle), Gerechtigkeit, Glück, Frieden und Ähnliches. Stellen Sie sich bildhaft vor, wie sich solche Begriffe in der Wirklichkeit äußern, die Liebe zum Beispiel in Form von Elternliebe, angefangen bei der Pflege des Kleinkindes bis hin zum gemeinsamen Erleben von Eltern und Kindern. Im Laufe der Zeit entsteht durch tägliches Training eine Kette nicht abreißender positiver bildhafter Vorstellungen zu abstrakten Begriffen. Sobald dies für einen Begriff vollkommen gelungen ist, wählt man einen neuen aus.

Schon diese Vorübungen zum autogenen Training können das Leben deutlich verändern. Sie fördern nicht nur die Vorstellungskraft, sondern auch die Konzentration und wirken allgemein beruhigend im Alltag. Jeder kann diese Kraft in sich wachrufen, wenn er trotz anfänglicher Schwierigkeiten immer wieder von neuem konsequent trainiert.

Für die Selbstbeeinflussung im autogenen Training durch positive bildhafte Vorstellungen sind die Vorübungen aus der Yogalehre sehr nützlich.

Willensanstrengungen vermeiden

Der moderne Mensch, vom triumphalen Aufschwung der Naturwissenschaft und Technik beeindruckt, neigt mehr denn je dazu, die Bedeutung von Logik und Willen zu überschätzen. In maßloser Überheblichkeit hält er fast alles für „machbar", wenn nur der Wille dazu vorhanden ist. Der Volksmund irrt, wenn er sagt: „Wo ein Wille ist, da ist auch ein Weg." Dieser Spruch verleugnet einen wichtigen Teil der Persönlichkeit, das Unterbewusstsein, das sich vom Willen überhaupt nicht beeindrucken lässt.

Auch die Schulpsychologie wird heute noch stark von Vernunft und Logik geprägt. Das erklärt zum Teil, weshalb sie trotz aller unbestreitbaren Fortschritte die steigende Flut seelischer Krankheiten nicht eindämmen kann. Allerdings gibt es bereits Erfolg versprechende Ansätze zur Reform der kalt analysierenden Psychologie, insbesondere den Versuch, die Märchen in die Psychotherapie einzuführen. Ihre bildhafte Sprache kommt dem Unterbewusstsein näher als die Analyse und Aufhellung der Ursachen seelischer Krankheiten.

In den vorausgegangenen Kapiteln stellten wir bereits ein seelisches „Grundgesetz" heraus, das heute zu wenig beachtet wird. Es lautet: Jede bildhafte Vorstellung in uns wird Wirklichkeit, wenn ihr keine andere, mindestens ebenso starke entgegensteht. Indem wir mit Hilfe des autogenen Trainings lernen, bildhafte Vorstellungen zu entwickeln und uns auf eine einzige zu konzentrieren, können wir widerstrebende, negative Vorstellungen ausschalten.

Das zweite seelische Grundgesetz besagt: Wenn sich Vorstellungen und Willen entgegenstehen, dann siegt immer die Vorstellung. Dafür gibt es zahllose praktische Beweise, man denke an die Raucher, die immer wieder von ihrem Laster loszukommen versuchen und oft erhebliche Willensenergie dazu aufwenden, mangels Vorstellungskraft aber nicht zum Ziel kommen. Erst mit Hilfe des autogenen Trainings können sie diese gesundheitsgefährdende, zum Teil bereits suchtartige Gewohnheit mit großer Sicherheit überwinden.

Sie können die Kraft der Vorstellungen jetzt, in diesem Augenblick, selbst ausprobieren. Legen Sie am Ende dieses Kapitels das Buch aus der Hand, ballen Sie beide Fäuste, und stellen Sie sich vor, dass Sie die Hände nicht mehr öffnen können, ehe Sie laut von 1 bis 3 gezählt haben. Wiederholen Sie unbeirrt immer wieder die Vorstellung: Ich will meine Fäuste öffnen, aber ich kann es nicht mehr, es geht nicht mehr, ehe ich nicht laut von 1 bis 3 gezählt habe. Stellen Sie sich diesen Satz ganz intensiv etwa 30-mal vor, und lassen Sie keinen Zweifel daran aufkommen. Dann versuchen Sie, die Fäuste zu öffnen. Es wird Ihnen zumindest schwerer fallen. Wenn Sie sich der bildhaften Vorstellung wirklich intensiv und im unbeirrbaren Glauben hingegeben haben, gelingt es überhaupt nicht mehr. Gleichgültig, wie das Ergebnis ausfällt, vergessen Sie nicht, laut von 1 bis 3 zu zählen, um die Suggestion wieder rückgängig zu machen.

Durch diesen Test können Sie ab und zu auch ermitteln, welche Fortschritte Sie beim Training Ihrer bildhaften Vorstellungskraft erzielen. Das Unvermögen, willentlich die Fäuste zu öffnen, während man sich gleichzeitig das Gegenteil vorstellt, beweist recht sicher, dass Ihre bildhafte Vorstellungskraft schon gut ausgeprägt ist. Geben Sie nicht auf, wenn der Test nicht auf Anhieb gelingt, konsequentes Training Ihrer Vorstellungen führt unweigerlich zum Erfolg.

Die Tatsache, dass unser Leben nicht vom zu Unrecht so hoch eingeschätzten Willen, sondern von bildhaften Vorstellungen regiert wird, erfüllt viele Menschen mit Unbehagen, und sie lehnen diese Erkenntnis ab. Es erscheint ihnen unheimlich, dass Vorgänge in ihnen sich ihrem Bewusstsein und seiner Steuerung entziehen. Dieses Unbehagen gilt mit als Grund für die Abneigung, die man heute immer noch seelisch Kranken, insbesondere Geistesgestörten, entgegenbringt. Sie verkörpern im grellen Licht Teile der menschlichen Persönlichkeit, von denen jeder von uns den Keim in sich tragen kann, die ihm aber nicht bewusst sind.

Solange man sich dieser Tatsache widersetzt, hat man wirklich einigen Grund zur Furcht. Sobald man sie aber akzeptiert, weisen diese Mechanismen uns den Weg zur wirksamen positiven Gestaltung des zukünftigen Lebens: Nicht mit dem Willen Ziele anstreben, sondern sich passiv alles plastisch vorstellen, was man erreichen kann und möchte – dann gelingt auch das Schwierigste, wenn man nicht die Grenzen der eigenen Fähigkeiten missachtet. Ein völlig unmusikalischer Mensch mag sich noch so bildhaft vorstellen, wie er als gefeierter Dirigent vom Beifall umtost auf dem Podium steht, er wird das nie erreichen – es sei denn, die Kraft der bildhaften Vorstellungen hätte bei ihm bisher unbekannte, schlummernde Fähigkeiten mobilisiert.

Hier mag mancher Leser stolz einwenden: Ich habe immer alles erreicht, was ich wollte. Das kann zutreffen, aber nur deshalb, weil hinter dem Wollen die bildhafte Vorstellung stand, denn das dritte seelische Grundgesetz besagt: Jede Anstrengung des Willens ohne bildhafte Vorstellung bleibt aussichtslos. Häufig ruft sie alle Widerstände gegen das Willensziel hervor und bewirkt dann sogar das Gegenteil.

Diese drei seelischen Grundgesetze gelten für jeden Menschen. Sie sind unabänderlich, und auf dieser Einsicht beruht der Erfolg jeder Selbstbeeinflussung. Deshalb wollen wir sie nochmals gesammelt wiederholen.

1. Seelisches Grundgesetz:

Alles, was wir uns bildhaft vorstellen, sei es positiv oder negativ, verwirklicht sich unweigerlich, wenn ihm keine entgegengesetzte, mindestens ebenso starke bildhafte Vorstellung im Wege steht.

2. Seelisches Grundgesetz:

Wenn der Wille einer Vorstellung widerspricht, dann erweist sich die Kraft der Vorstellung immer als überlegen.

3. Seelisches Grundgesetz:

Willensanstrengungen ohne die gleichgerichteten bildhaften Vorstellungen bleiben erfolglos, provozieren meist Widerstände und führen dann eher zum Gegenteil.

Indem wir diese drei Gesetze beachten, können wir durch autogenes Training unserem Leben jede gewünschte Richtung geben, die im Rahmen unserer Fähigkeit liegt, bleiben wir nicht vom Pech verfolgte Sklaven, sondern die Herren unseres Geschicks.

Wiederholungen verstärken die Wirkung

Es empfiehlt sich, mit der Selbstbeeinflussung im autogenen Training erst zu beginnen, wenn man nach etwa zwölf Wochen mit der Stirnkühle den für die Wirkung der Suggestion wichtigen eingeschränkten Bewusstseinszustand erreicht hat. Zwar können formelhafte Vorstellungen auch vorher schon im Alltag wirken, die Gefahr ist aber groß, dass mangelnde Wirkung Zweifel aufkeimen lässt, die den Erfolg noch länger verzögern.

Die Vorsatzformeln werden im Anschluss an die Stirnübung eingeschoben, also dann, wenn sich die angenehme Stirnkühle eingestellt hat. Erst nach der Selbstsuggestion nimmt man die Übungszustände in der gewohnten Weise zurück mit der Formel: Arme strecken und beugen – tief atmen – Augen auf.

Man sollte sich die Formulierung der Suggestionen sehr sorgfältig überlegen. Je klarer und eindeutiger sie sind, desto sicherer können sie auch Wirklichkeit werden. Wer sich mit nachlässigen allgemeinen Formulierungen begnügt, darf sich nicht wundern, wenn auch keine deutliche Wirkung entstehen kann.

Im Allgemeinen genügt es nicht, sich eine Formel nur einmal vorzustellen, damit sie schon unauslöschlich ins Unterbewusstsein eingeprägt wird. Damit kann man – wenn überhaupt – allenfalls eine vorübergehende Wirkung erzielen. Die sicherste Wirkung erreicht man mit positiven Formulierungen, die häufig wiederholt werden. In der Praxis zeigt es sich, dass man die Vorstellungen bei jeder Übung etwa 30-mal intensiv verdeutlichen muss – und das vier bis zwölf Wochen lang, täglich konsequent mindestens einmal, um eine bleibende, nachhaltige Wirkung zu erreichen.

Formulierungshilfen für verschiedene Gelegenheiten finden Sie im nächsten Kapitel.

Auch der, welcher im autogenen Training sicher ist, sollte pro Übung nie mehr als zwei Suggestionsformeln wählen, um sein Unterbewusstsein nicht zu überfordern. Wenn er sich ein oder zwei Vorsätze ganz intensiv vorstellt, wird er den Erfolg rascher spüren, als wenn er bei jedem Training versucht, durch viele Formeln gleich alle seine Probleme zu beseitigen. Verhaltensweisen, die wir einmal erlernt haben, können nicht von heute auf morgen ausgelöscht werden. Sie haben sich eingeprägt, und es dauert seine Zeit, bis wir sie wieder verlernen und durch andere, zweckmäßigere Verhaltensformen ersetzen können.

Mit dieser Einsicht, die auch bei anfänglichen Misserfolgen keinen Zweifel zulässt, beginnt die erfolgreiche Autosuggestion im autogenen Training.

Ein Tipp noch aus der Praxis. Die Wiederholungen fallen leichter, wenn man eine melodische Vorsatzformel wählt, auch wenn sie etwas länger ausfällt. Hier kommt es auf sprachliches Feingefühl an, das individuell verschieden ausgeprägt ist. Aber wohl jeder wird die Vorstellung „Ich schlafe des Nachts ganz ruhig und fest" im Vergleich zu „Ich schlafe heute Nacht durch" als sehr viel angenehmer empfinden.

Wenn man zwei Suggestionen gleichzeitig anwenden will, empfiehlt es sich sogar, einen Reim zu suchen. Ein Beispiel für Leser, die unter der häufigen Kombination von Schlafstörungen und Stuhlverstopfung leiden:

„Ich schlafe des Nachts ganz ruhig und fest,
der Stuhlgang am Morgen gelingt aufs Best."

Literarische Lorbeeren kann man damit sicher nicht erringen, aber diese Vorstellung prägt sich viel leichter ein als die zwar ebenso korrekte, aber holprige Formel „Ich schlafe heute Nacht durch und kann morgen früh gleich den Darm entleeren."

Coués Generalformeln

Individuelle Suggestionen, so genau wie möglich auf die persönlichen Lebensumstände und Bedürfnisse abgestimmt, wirken erfahrungsgemäß meist am besten. Damit erfasst man exakt die Lebens-, Konflikt- und Problemsituation eines Menschen und beeinflusst sie gezielt. Grundsätzlich sollten deshalb individuell ausgearbeitete Vorstellungen und Formeln zur Autosuggestion bevorzugt werden.

Allerdings gibt es auch Lebensumstände, die so vielschichtig und komplex sind, dass man sie nicht mit einer individuellen Suggestion erfassen kann. Manchmal gelingt es auch nicht, eine befriedigende Formulierung zu finden, weil vielleicht innere Widerstände das behindern. In solchen Fällen ist es immer noch besser, eine unspezifische Generalformel zu verwenden, als auf die Autosuggestion ganz zu verzichten. Nach einiger Übung können solche ungezielten Vorstellungen dazu führen, dass sich die Situation aufhellt und doch noch individuelle Formulierungen gefunden werden. Zum Teil wirkt aber auch die Generalformel allein schon ausreichend.

Eine gute Hilfestellung bei der Suche nach solchen allgemeinen Suggestionen bietet der Couéismus. Begründet wurde diese Form der Selbstbeeinflussung von dem französischen Apotheker und Psychotherapeuten Emile Coué (1857–1926). Zu seinen Lebzeiten war Frankreich eine Hochburg der Hypnose, mit der sich auch Coué ausführlich befasste. Aus den dabei gewonnenen Erkenntnissen entwickelte er dann seine einfache Technik zur unspezifischen positiven Autosuggestion.

Wegen ihrer guten Wirkungen fand sie vor allem zu Beginn des 20. Jahrhunderts zahlreiche Anhänger. Später versuchten Nachfolger Coués, die allgemeinen Formeln doch besser den individuellen Bedürfnissen anzupassen, und näherten sich damit den gezielten Suggestionen im autogenen Training. Aber nachdem in den 30er-Jahren das AT eingeführt wurde, verlor der Couéismus rasch an Bedeutung. Inzwischen findet die Methode wieder mehr Anhänger, manche Volkshochschulen bieten bereits fachlich geleitete Kurse dazu an.

Nach Coué genügt im Prinzip eine einzige Generalformel zur positiven Autosuggestion. Sie lautet einfach:

„Von Tag zu Tag, in jeder Hinsicht, geht es (mir) besser und besser.“

Diese Formulierung kann natürlich keine spezifischen körperlichen und seelisch-geistigen Reaktionen auslösen. Die Wirksamkeit erklärt sich vielmehr daraus, dass die Generalformel die Selbstheilungsregulationen weckt und diese sich dann gezielt gegen die zu beeinflussenden Zustände richten. Man schiebt damit also einen Veränderungsprozess an, dessen Richtung dann das Unbewusste bestimmt. Das kann im Vergleich zu den spezifischen Suggestionen sogar von Vorteil sein, denn das Unbewusste „weiß“ am besten, welche Veränderungen notwendig sind.

Die Coué-Generalformel lässt sich problemlos als positive Vorstellung ins autogene Training integrieren, wenn keine spezifischen Vorstellungen gefunden werden. Zunächst leitet man mit der AT-Unterstufe die tiefe Entspannung ein, dann murmelt man die Generalformel mindestens 30-mal leise vor sich hin, damit sie sich dem Unbewussten einprägt. Praktisch alle negativen körperlichen und seelisch-geistigen Zustände können darauf günstig ansprechen.

Später ergänzte Coué seine Technik noch durch eine andere Generalformel, die speziell gegen akute Beschwerden (zum Beispiel Schmerzen) hilft. Sie lautet einfach:

„Das geht vorbei, das geht vorbei.“

Diese Formulierung wiederholt man bei Bedarf in kurzen Abständen jeweils 50-mal, bis sich der Zustand bessert. Dabei besteht freilich das Risiko, dass sich Krankheiten subjektiv zu bessern scheinen, tatsächlich aber unvermindert bestehen oder sich sogar verschlimmern. Bei unklaren Symptomen sollte diese Formel deshalb erst gebraucht werden, wenn zuvor die Ursachen genau diagnostiziert wurden. Andernfalls besteht die

Gefahr, dass die Generalformel lediglich Beschwerden unterdrückt und eine wirksame Therapie unnötig verzögert. Der Einfluss dieser Formel kann aber auch so stark ausfallen, dass Erkrankungen tatsächlich ausgeheilt werden.

Bei Bedarf können die beiden Generalformeln Coués miteinander kombiniert werden, um die Wirksamkeit zu verbessern. Eine solche verknüpfte Autosuggestion könnte zum Beispiel lauten:

„Von Tag zu Tag, in jeder Hinsicht, geht es (mir) besser und besser. Alles Unangenehme, das geht vorbei, das geht vorbei."

Solche kombinierten Formeln aktivieren mehr Selbstheilungsregulationen, können allerdings auch die angeregten Heilenergien „verzetteln". Man muss einfach praktisch erproben, ob die einfache oder kombinierte Vorstellung besser hilft.

Sonderfall paradoxe Intention

Während Coués Generalformeln noch den allgemeinen Grundsätzen der Autosuggestion folgen, weicht diese Technik erheblich davon ab. Streng genommen handelt es sich dabei um keine Suggestionen mehr; da man aber auch dabei versucht, sich selbst zu beeinflussen, soll die Methode in Kürze vorgestellt werden.

Der Hauptunterschied besteht darin, dass man bei der paradoxen Intention den Willen einschaltet, der bei Autosuggestionen streng verpönt ist. Willlentlich strebt man genau das Gegenteil dessen an, was man tatsächlich erreichen möchte. Das klingt kompliziert, beruht aber ebenfalls auf der Erkenntnis, dass der Willen sich nicht durchzusetzen vermag, wenn die Vorstellungen nicht damit übereinstimmen. Vielmehr provoziert der Willen dann innere Widerstände, die das Willensziel be- und verhindern. Dazu gibt es viele praktische Beispiele.

■ Wer unbedingt einschlafen will, dreht sich oft noch stundenlang unruhig im Bett; umgekehrt gelingt es häufig nicht, willentlich wach zu bleiben, man gleitet unversehens in den Schlaf.

■ Wer in bestimmten Situationen zum Erröten neigt, mag sich vorher willentlich noch so fest vornehmen, ganz „cool" zu bleiben, meist errötet er dadurch sogar noch stärker.

■ Auch wer an Angstzuständen leidet, versucht meist, dieses Gefühl willentlich zu unterdrücken, erlebt dann aber häufig besonders starke Angstanfälle.

Der Willen bestimmt unser Leben also weniger stark, als wir gemeinhin glauben. Nur wenn Willen und unbewusste Inhalte (Erwartungen, Vorstellungen) übereinstimmen, kann das Willensziel erreicht werden, andernfalls scheitert man.

Diese Tatsache, die man als eine Art *psychisches Grundgesetz* bezeichnet, nutzt man bei der Suggestionstherapie, indem man den Willen weit gehend ausschaltet. Anders bei der paradoxen Intention, die den Willen bewusst falsch einsetzt, also willentlich anstrebt, was man tatsächlich überhaupt nicht möchte. Um bei einem der obigen Beispiele zu bleiben: Wer einschlafen möchte, strengt sich mit aller Willenskraft an, hellwach zu bleiben und die Augen nicht zu schließen. Meist gleitet man dann bald unversehens in den Schlaf. Sinngemäß gilt das auch bei Angstzuständen, Erröten und in vielen anderen Situationen, die man durch gezieltes Wollen nicht verändert, wohl aber durch paradoxe Willensanstrengung.

Die Technik der paradoxen Intention darf aber keinesfalls wie eine übliche autosuggestive Vorstellung verwendet werden, sonst erreicht man das paradoxe Ziel tatsächlich. Tiefe Entspannung durch AT ist nicht unbedingt notwendig, kann aber helfen, den Willen stark auf die paradoxe Absicht zu konzentrieren. Mit dem Willensziel verbindet man keine Erwartungen und Vorstellungen, sie dürfen den Willen ja nicht unterstützen. Entscheidend bei der paradoxen Intention ist, dass alle Energie aufgewendet wird, um willentlich das nicht erwünschte Ziel anzustreben. Gelingt das in tiefer Entspannung besser, wendet man AT dazu an, andernfalls verzichtet man auf die Entspannung.

Paradoxe Intentionen können sehr schnell und deutlich wirken. Das beinhaltet allerdings die Gefahr, dass sich bei falscher Anwendung der Zustand rasch verschlechtert. Daher empfiehlt es sich, die Methode unter fachlicher Anleitung einzuüben. Sobald sie gut beherrscht wird, darf selbstständig geübt werden. Die Anwendungsgebiete gleichen zum Teil denen der positiven Autosuggestion. Im Voraus kann nie beurteilt werden, was bei einem Menschen besser hilft. Bei Bedarf erprobt man beide Techniken und bleibt dann bei der wirksameren.

Die paradoxen Intentionen richten sich hauptsächlich gegen Symptome, die rasch beseitigt oder verhindert werden sollen. Auf die tieferen Ursachen nimmt die Technik keinen direkten Einfluss. Indirekt können sie aber doch auch beeinflusst werden, zum Beispiel durch die Aktivierung der seelisch-geistigen Selbstheilungsregulationen.

Praktische Anwendung des autogenen Trainings

Das autogene Training gehört zu den psychotherapeutischen Heilmethoden. Allerdings bedeutet das nicht, dass es vornehmlich zur Vorbeugung und Behandlung seelischer und seelisch verursachter körperlicher Krankheiten angezeigt ist. Wer autogenes Training auf dieses Gebiet begrenzt, verkennt dabei, dass Körper und Seelenleben eine untrennbare Ganzheit bilden, sich wechselseitig beeinflussen. Zwar war diese Tatsache schon den großen Ärzten der Antike bekannt, die moderne Schulmedizin, die seit dem vergangenen Jahrhundert stark von anderen Zweigen der Naturwissenschaft beeinflusst ist, tut sich aber immer noch schwer damit. Erst allmählich setzt sich diese Erkenntnis wieder durch.

Sicher kann autogenes Training kein Allheilmittel sein, auch wenn es sich durch ein erstaunlich breites Wirkungsspektrum auszeichnet. Es gibt kaum eine organische Krankheit, die durch das Training nicht günstig mit beeinflusst werden könnte, ohne dass schädliche Nebenwirkungen zu befürchten sind. Das erklärt sich daraus, dass über das autonome vegetative Nervensystem jede einzelne Körperzelle angesprochen wird. Die große Bedeutung des vegetativen Nervensystems für das Krankheitsgeschehen konnte der sowjetische Nobelpreisträger Iwan P. Pawlow schon Anfang dieses Jahrhunderts überzeugend beweisen.

Auch viele seelische Krankheiten werden durch autogenes Training allein oder unterstützend gut beeinflusst. Die Grenzen des autogenen Trainings in der Psychotherapie liegen dort, wo der Kranke nicht mehr in der Lage ist, sich selbst positiv zu beeinflussen. Das kann bei Depressionen der Fall sein, ganz besonders gilt es aber für Psychosen wie die Schizophrenie und für Persönlichkeits- und Verhaltensstörungen aus hirnorganischer Ursache.

Als Domäne des autogenen Trainings können die zahlreichen Funktionsstörungen gelten, die durch Stress und falsche Lebensweise entstehen. Diese Patienten, denen man rasch das diagnostische „Etikett" nervös, labil oder vegetative Dystonie umhängt und die man mit Beruhigungsmitteln behandelt, finden im autogenen Training eine sehr wirksame Hilfe. Typisch für sie ist meist, dass sie sich noch nicht regelrecht krank, aber auch nicht mehr gesund fühlen. Und das trifft heute wohl mehr oder weniger für jeden von uns zu.

Die Medizin der Zukunft wird, wenn man Prognosen namhafter Fachleute aus USA glauben darf, nur noch 25 % ihrer Zeit mit dem Heilen bestehender Krankheiten (kurative Medizin) zubringen. Die restlichen 75 % ärztlichen Handelns sollen schon bald der Gesundheitsvorsorge (präventive Medizin) dienen. In dieser vorbeugenden Medizin der nahen Zukunft wird das autogene Training neben vollwertiger Ernährung und körperlichem Training eine bedeutende, ja unentbehrliche Rolle spielen.

Entspannung und Erholung auf Befehl

Besonders leistungsfähige Menschen, die scheinbar unermüdlich tätig sein können, zeichnen sich meist durch die Fähigkeit aus, zwischendurch für wenige Minuten völlig abzuschalten und sich entspannen zu können. So weiß man zum Beispiel von Napoleon Bonaparte, dass er nur vier Stunden Nachtschlaf benötigte, dafür aber selbst hoch zu Ross für Minuten einfach alles um sich herum vergessen konnte. Der Kaiser der Franzosen kannte noch kein autogenes Training, er war in dieser Beziehung wie manche anderen Menschen einfach ein „Naturtalent". Die Fähigkeit zur Entspannung auf Befehl kann man aber auch ohne besondere Begabung erlernen, sobald man die Unterstufe des autogenen Trainings beherrscht.

Schon die Übungen der Unterstufe allein bedeuten Entspannung und Erholung. Diesen Effekt kann man durch entsprechende bildhafte Vorstellungen nach Erreichen der Stirnkühle erheblich verbessern. Welche Formel man dazu wählt, hängt unter anderem auch von der Zeit ab, die zur Verfügung steht.

Gut bewährt hat sich zum Beispiel der folgende Vorsatz:

„In zehn Minuten bin ich wieder völlig frisch und ausgeruht."

Damit kann man die Zigarettenpause im Betrieb sinnvoll ausfüllen, eine Sitzungspause nutzen, um sich danach wieder intensiver an den Gesprächen beteiligen zu können, im Taxi vor einem Termin neue Kraft schöpfen oder sich im Bahnhof oder auf dem Flugplatz vor einer Reise erfrischen. Auch nach Feierabend, wenn man abgespannt nach Hause kommt, mit der wertvollen Freizeit aber mehr anfangen möchte, als nur vor dem Fernsehgerät zu sitzen, erzielt man durch einen derartigen formelhaften Vorsatz eine ausgezeichnete Wirkung.

Wer Zeit und Gelegenheit dazu hat, kann die Erholung durch einen Kurzschlaf bedeutend verbessern. Sobald die Stirnkühle erreicht ist, stellt man sich zum Beispiel vor:

„Ich schlafe jetzt ruhig und tief, erwache in zehn Minuten
frisch und munter."

Die innere Uhr wird zuverlässiger als jeder Wecker dafür sorgen, dass man pünktlich nach zehn Minuten wieder aufwacht und mit neuen Kräften an die Arbeit geht.

Dieser Kurzschlaf oder die Entspannungsübung hat sich besonders gut zur Überwindung des „toten Punkts" bewährt, der sich nachmittags gegen 14 Uhr bei den meisten Menschen einstellt. Er wirkt besser als die um diese Zeit beliebte Tasse Kaffee, die nur kurz aufputscht. Da auch der tote Punkt von der inneren Uhr mitbestimmt wird, kann er auch zu anderen Zeiten auftreten. Dann wird die Übung entsprechend dem individuellen Rhythmus eben früher oder später in gleicher Weise durchgeführt.

Manche, die autogenes Training üben, wagen nicht, im Laufe des Tages zu trainieren, weil sie dabei regelmäßig einschlafen, noch ehe sie überhaupt die Stirnkühle erreicht haben. Ihnen wird vorbeugend empfohlen, sich zu Beginn des Trainings etwa sechsmal zu suggerieren:

„Ich bleibe beim Training frisch und frei.“

Damit verhindert man zuverlässig, dass man in Schlaf sinkt, ohne dass die Entspannung verringert wird.

Die Fähigkeit zur Entspannung und Erholung auf Befehl in wenigen Minuten kann nicht hoch genug bewertet werden. Sie steigert die nachlassende Leistungsfähigkeit und Konzentration, so dass die Arbeit wieder leichter und schneller von der Hand geht, und sie ermöglicht es uns, die angenehmen Seiten des Lebens nach der Arbeit bewusster und intensiver zu erleben.

Es darf aber nicht verschwiegen werden, dass auch die Gefahr des Missbrauchs besteht. Wer sich fortwährend harte Leistung abverlangt und die immer stärker werdende Müdigkeit durch autogenes Training überwindet, hat damit zwar einige Zeit Erfolg. Irgendwann tritt aber unweigerlich die Phase der gefährlichen Erschöpfung ein, die auch durch autogenes Training nicht mehr aufzuhalten ist. Der Mensch kann nicht unbegrenzt überlastet werden, seine natürlichen Leistungsgrenzen vermag auch autogenes Training nicht zu überwinden.

Am besten fährt, wer sich nach konzentrierter Arbeit durch autogenes Training so erholt, dass er danach fit für einen wirklichen Ausgleich zum Beruf ist. Denn Erholung beschränkt sich natürlich nicht nur auf Entspannung im autogenen Training. Sie erfordert auch Bewegung an der frischen Luft bei jedem Wetter, soziale Kontakte mit Freunden, Beschäftigung mit einem Hobby, kulturelle Genüsse und vieles andere mehr. Damit diese Freizeitgestaltung nicht an der Ermüdung nach der Arbeit scheitert, sollte jeder, der autogenes Training übt, lernen, sich auf Befehl zu erholen. So nützt er seiner Gesundheit, Missbrauch des autogenen Trainings dagegen wird sich unweigerlich rächen.

Besserer Schlaf

In der Bundesrepublik leiden rund 20 Millionen Menschen unter Schlafstörungen, in den anderen Industrieländern sieht es nicht besser aus. Das bequemste, zugleich aber schlechteste Mittel dagegen ist die Schlaftablette. Trotzdem werden bei uns jährlich rund 500 Millionen Schlaftabletten im Werte von rund 75 Millionen Mark „konsumiert". Drei Millionen Mitmenschen kommen, so das Ergebnis einer Untersuchung des Bundesgesundheitsministeriums aus dem Jahre 1977, überhaupt nicht mehr ohne Schlaf- und Beruhigungsmittel aus, sind also bereits abhängig geworden. Obwohl sie in der Öffentlichkeit kaum diskutiert wird, droht die Schlafmittelsucht zu einem ähnlich ernsten Problem wie der Alkoholismus zu werden.

Schlafstörungen können sowohl durch seelische wie körperliche Krankheiten verursacht sein. In der Mehrzahl der Fälle gelingt es den Betroffenen aber nicht mehr, sich richtig zu entspannen und von den Problemen und Sorgen zu lösen, wie es für gesunden, tiefen Schlaf notwendig ist. Entweder sie wälzen sich noch stundenlang schlaflos im Bett herum, wachen nach wenigen Stunden wieder auf und finden nicht mehr in den Schlaf, oder sie schrecken am Morgen vorzeitig auf.

In allen Fällen, in denen vorherige fachmännische Untersuchung keine behandlungsbedürftigen Ursachen ergeben hat, kann autogenes Training als Ersatz für die Schlaftablette sehr empfohlen werden. Wer chronische Schlafstörungen ohne Untersuchung durch autogenes Training behandelt, läuft Gefahr, dass er ein wichtiges Symptom einer Krankheit zudeckt, ohne sie zu heilen, also für einige Zeit zum „eingebildeten Gesunden" wird.

Die Formulierung der Vorstellungen richtet sich teilweise nach der Art der Schlafstörung. Als „Generalformel" bei Schlafbehinderungen eignet sich:

„Ich schlafe des Nachts tief, ruhig und fest, erwache am Morgen pünktlich um ... (Uhrzeit)."

Auch die folgende Vorstellung hat sich gut bewährt:

„Ich schlafe gleich und die ganze Nacht, bis ich erholt um ... (Uhrzeit) erwache."

Speziell gegen Einschlafstörungen am Abend richten sich Formeln wie:

„Ich schlaf schnell ein, ganz ohne Sorgen, erwach erholt um ... (Uhrzeit) am Morgen."

Wer vor dem Einschlafen noch lange nachgrübelt, sollte es einmal mit folgender Vorstellung versuchen:

„Gedanken gleichgültig, Sorgen weichen dem tiefen Schlaf im Bett, dem weichen."

Eine praktische Erfahrung, die wohl jeder schon einmal machte, lehrt uns, dass man viel schlechter einschläft, wenn man es will, als wenn man sich in Gedanken überhaupt nicht mit dem Schlafwunsch beschäftigt oder sich sogar vornimmt, lange wach zu bleiben. Auf diesem Prinzip der paradoxen Absicht beruht eine Vorstellung, die den Schlaf nicht in den Vordergrund stellt (Indifferenzformel), etwa:

„Schlaf ganz gleichgültig, ich bin vollkommen entspannt und ruhig."

Wer unter Durchschlafstörungen leidet, stellt sich am besten intensiv vor, dass er die ganze Nacht durch ruhig schläft und erst dann erwacht, wenn es erforderlich ist, zum Beispiel mit der Formel:

„Ich schlafe durch die ganze Nacht, bis ich erholt um … (Uhrzeit) erwache."

Auch folgende Vorstellung eignet sich gut:

„Ich schlafe durch ganz ruhig und fest, erwache erst am Morgen um … (Uhrzeit)."

Schließlich noch ein letztes Beispiel für die Beeinflussung von Durchschlafstörungen:

„Ich schlaf tief durch, ganz frei von Sorgen, erwache frisch um … (Uhrzeit) am Morgen."

Die Formeln gegen Durchschlafstörungen sind auch dann angezeigt, wenn man am Morgen zu früh erwacht. Wer zu Beginn des Trainings trotz Vorsatzformeln zwischendurch in der Nacht noch aufwacht, hilft sich am besten mit einer der Vorstellungen gegen Einschlafstörungen. Er wird gewöhnlich nach dieser Suggestion rasch wieder weiterschlafen können.

Ein Problem besonderer Art sind die verbreiteten Schlafstörungen bei Nacht- und Schichtarbeitern. Bei dieser Art von Tätigkeit kommt die biologische Uhr so durcheinander, dass Funktionsstörungen oder gar organische Krankheiten auftreten. Zudem ist der Schlaf am Tag meist weniger erholsam als der Nachtschlaf. In solchen Fällen bewährt sich meist sehr gut der Vorsatz:

„Ich schlafe überall und jederzeit, bei passender Gelegenheit, ob Tag, ob Nacht, bis ich erholt und frisch erwache."

Auch der folgende Reim eignet sich gut für Nachtarbeiter:

„Ich schlafe tief und ohne Müh zu jeder Zeit, ob spät, ob früh."

Wenn diese Vorstellungen nicht helfen, ist es höchste Zeit, die Nacht- oder Schichtarbeit aufzugeben, ehe ernste Gesundheitsstörungen auftreten.

Lärm kann den Nachtschlaf erheblich behindern. Dagegen versucht man einmal eine der folgenden Vorstellungen:

„Der Lärm wird einfach überhört, der tiefe Schlaf bleibt ungestört."

Auch die Indifferenzformel

„Lärm vollkommen gleichgültig, Schlaf ruhig, tief und fest"

oder der Vorsatz

„Lärm beruhigt und vertieft den Schlaf"

können im Einzelfall gut helfen. Auch wenn es damit gelingt, die Folgen des Dauerlärms auf den Schlaf in Grenzen zu halten, sollte man doch immer bestrebt sein, zusätzlich durch entsprechende Isolierung den Lärm so weit wie möglich einzudämmen, notfalls auch die Wohnung zu wechseln.

Wer bereits längere Zeit regelmäßig Schlaftabletten ohne fachmännische Verordnung einnimmt, darf damit nicht plötzlich radikal aufhören. Ihm drohen Entzugserscheinungen, die unter Umständen lebensgefährlich werden können. Autogenes Training unterstützt zwar die Entwöhnung von Schlaftabletten, allein genügt es aber oft nicht, um eine echte Abhängigkeit gefahrlos zu überwinden. Im fortgeschrittenen Stadium muss dazu meist sogar eine Entziehungskur in der Klinik durchgeführt werden.

Wer erst kurze Zeit Schlafmittel einnimmt, hilft sich durch positive Vorstellungen wie:

„Ich schlafe des Nachts ganz fest und tief, Schlafmittel vollkommen gleichgültig."
„Von Tabletten befreit, schlafe ich jederzeit, die ganze Nacht, bis um ... (Uhrzeit) ich erwache."
„Ich schlafe gleich ein, Tabletten müssen nicht sein."

Wer durch den Verzicht auf Schlafmittel irgendwelche organischen oder seelischen Störungen bemerkt, die nicht rasch abklingen, sollte unverzüglich den Arzt aufsuchen. Es handelt sich dann wahrscheinlich um ernstere Entzugserscheinungen, die so lange behandelt werden müssen, bis der Körper von seiner Abhängigkeit befreit ist.

Nie mehr nervös und unsicher

In der Umgangssprache wird der Begriff Nervosität für verschiedene Störungen recht unterschiedlicher Ursache gebraucht, die heute weit verbreitet sind. Für eine sichere medizinische Diagnose erweist er sich als zu vieldeutig.

Zu den Symptomen der Nervosität gehören vor allem innere Unruhe, Überreiztheit, Schlafstörungen, Zittern, nervöses Schwitzen, Stimmungsschwankungen, nicht organisch verursachte Herz- und Magenbeschwerden, aber auch Unsicherheit im Umgang mit anderen Menschen, wie sie sich im Erröten ausdrücken kann, oder die Empfindsamkeit eines sensiblen Menschen. Nervosität kann sich also vorwiegend in seelischen oder körperlichen Erscheinungen äußern, oft ist eine klare Unterscheidung aber nicht möglich.

Zum Teil beruht die Nervosität auf einer angeborenen Anfälligkeit des vegetativen Nervensystems, die man vor allem bei empfindsamen Naturen antrifft. In diesem Fall hat sie keinen Krankheitswert, sondern beruht auf Veranlagung, der sich die Lebensweise anpassen sollte. Autogenes Training unterstützt wirkungsvoll die vernünftige Lebensführung dieser Menschen.

Nervosität wird im Laufe des Lebens erworben zum Beispiel durch schwere körperliche Erkrankungen, Störungen der Hormondrüsen, dauernde Belastungen und Überanstrengungen (Stress), ungelöste seelische Probleme und Konflikte, Erziehungsfehler und ungünstiges Milieu in der Kindheit und vieles andere.

Die Behandlung richtet sich nach den Ursachen, autogenes Training kann sie in den meisten Fällen unterstützen, oft reicht es auch zur Alleintherapie aus. Da es die Ursachen beseitigt, nicht nur das Symptom zudeckt und keinerlei Nebenwirkungen zu befürchten sind, ist autogenes Training jedem Beruhigungsmittel vorzuziehen.

Wer längere Zeit unter unerklärlicher Nervosität leidet, sollte durch ärztliche Untersuchung die Ursachen abklären lassen, damit keine beginnende ernstere körperliche oder seelische Erkrankung übersehen wird.

Als „Generalformel" bei Nervosität und Unsicherheit bewährt sich eine Vorstellung ähnlich der Ruheformel der Unterstufe des autogenen Trainings. Dazu einige Formulierungsbeispiele:

„An jedem Ort, zu jeder Zeit spür ich Ruhe und Gelassenheit."
„Ich fühle mich vollkommen geborgen, davor weichen all meine Sorgen,
ich bleibe ruhig, mutig und frei, was immer auch geschehen sei."
„Überall, jederzeit, in jeder Situation bleibe ich ganz ruhig, mutig und frei."
„Ich behalte immer und überall einen kühlen, klaren Kopf."

Wer bei Aufregungen spürt, wie ihm das Herz bis zum Halse schlägt, hilft sich mit der Indifferenzformel:

„Ich bleibe überall und jederzeit ruhig, gelassen und frei –
Herz ganz gleichgültig."

71

Auch die Herzübung der Unterstufe des autogenen Trainings kann später in Verbindung mit einer entsprechenden anderen Vorstellung gegen nervöse Herzbeschwerden benutzt werden, zum Beispiel:

„An jedem Ort, zu jeder Zeit Ruhe und Gelassenheit – Puls (Herz) schlägt ruhig und gleichmäßig."

Durch konsequentes Training erzeugen diese Vorstellungen im Laufe der Zeit unweigerlich mehr innere Ruhe und Gelassenheit. Dadurch kann der Patient Belastungen jeder Art leichter ertragen, vermag seelische Konflikte zu erkennen und zu lösen oder sogar die frühkindlichen Ursachen von Neurosen und Komplexen zu verarbeiten. Nicht selten berichten Schüler des autogenen Trainings mit neurotischen Verhaltensstörungen zum Beispiel, dass sie sich dank des Trainings wieder an ihre Träume erinnern können – und viele Träume weisen uns als Botschaft aus dem Unterbewusstsein in Konfliktsituationen verschlüsselt den richtigen Weg.

Wer zu Unsicherheit und Erröten beim Kontakt mit anderen Menschen neigt, kann sich durch spezielle Formeln gut selbst helfen. Zur äußeren, durch autogenes Training anerzogenen Selbstbeherrschung und Sicherheit wird sich bald auch die wirkliche innere Sicherheit einstellen. Wir haben die Wirkung dieses „So tun als ob" bereits kurz am Beispiel Immanuel Kants veranschaulicht.

Sehr wichtig für unsichere Menschen ist das Training eines ruhigen, festen Blicks. Wer sich unsicher und unruhig fühlt, dessen Blick wirkt unstet und flackernd. Manchmal führt die innere Spannung auch zum nicht beherrschbaren Zucken der Augenlider. Dagegen hilft die Vorstellung:

„An jedem Ort, zu jeder Zeit Ruhe und Gelassenheit,
Augenlider locker und ruhig, Blick fest, ruhig und frei."

Unterstützt wird diese Vorstellung, wenn man lernt, dem Gegenüber nicht direkt in die Augen zu schauen, sondern auf die Nasenwurzel. Hier findet das Auge einen festen Punkt. Am besten übt man das täglich einige Minuten vor dem Spiegel, indem man die eigene Nasenwurzel fixiert. Bald spürt man dann, dass man durch diese Technik auch beim Kontakt mit anderen ruhiger und sicherer bleibt und überdies den Gesprächspartner durch den festen Blick sichtlich beeindruckt.

Gegen die Neigung zum Erröten suggeriert man sich zum Beispiel:

„Ich bleibe vollkommen ruhig und gelassen, Erröten ganz gleichgültig."

Diese Indifferenzformel ist sehr wirksam, denn meist errötet man, weil man sich vor dem Erröten fürchtet. Deshalb stellt es sich dann getreu dieser Erwartungsangst auch prompt wieder ein.

Wem die Indifferenzformel nicht so gut gefällt, der stellt sich vielleicht besser Kühle im Gesicht vor. Dadurch wird die Erweiterung der Blutgefäße der Gesichtshaut verhindert. Die Formel lautet etwa:

„Ich bleibe vollkommen ruhig und gelassen, Wangen und Stirn angenehm kühl."

Verbessert wird die Wirkung oft, wenn man die Indifferenzformel mit der Vorstellung der Kühle verknüpft, also:

„Überall, zu jeder Zeit Ruhe und Gelassenheit, Wangen und Stirn angenehm kühl, Erröten vollkommen gleichgültig."

Bei Bedarf kann man zusätzlich an diese Formel noch den Vorsatz anfügen:

„Augenlider ruhig und locker, Blick fest, ruhig und frei."

Natürlich darf man nicht sofort eine deutliche Wirkung erwarten. Nach einigen Wochen gelingt es aber, das früher übliche Erröten und die Unsicherheit zu beherrschen, indem man sich vor belastenden Situationen zusätzlich zur täglichen Übung rasch eine der oben genannten Vorstellungen wiederholt. Schließlich wird das Problem vollkommen beseitigt, so dass nach einigen Monaten überhaupt keine Formel mehr erforderlich ist.

Nervöses Schwitzen, ausgelöst durch Fehlfunktionen des vegetativen Nervensystems, kann überall am Körper auftreten. Wenn es durch die verschiedenen Ruhevorstellungen nicht genügend eingedämmt wird, benutzt man zum Beispiel folgende Formel:

„Ich bleibe vollkommen ruhig und gelassen, Schwitzen ganz gleichgültig."

An den Händen wird nervöses Schwitzen als besonders peinlich empfunden. Bis die allgemeinen Ruhefomeln wirken, kann man dagegen zusätzlich folgende Vorstellung anwenden:

„Ich bleibe vollkommen ruhig und gelassen, Hände angenehm trocken und kühl."

Die hohe Überproduktion der Schweißdrüsen ist allerdings nicht immer auf Nervosität zurückzuführen. Dahinter kann sich auch einmal eine ernste Krankheit verbergen, bei Nachtschweiß zum Beispiel eine Lungenkrankheit. Fachmännische Untersuchung ist deshalb ratsam. Ergeben sich keine organischen Ursachen, dann hilft autogenes Training auf längere Sicht zuverlässiger als Tabletten oder Puder gegen die Schweißüberproduktion.

Eine Sonderform der Nervosität kann durch Überfunktion der Schilddrüse ausgelöst werden. Bei Veranlagung steht am Anfang einer solchen Hyperthyreose manchmal eine plötzliche starke, seelische Erschütterung (Schock-Basedow). Leider gibt es keine klaren Anhaltspunkte, an denen der Patient selbst die Hyperthyreose von der Nervosität unterscheiden könnte. Erst eine Blutuntersuchung des Fachmanns schafft Klarheit. Stellt er eine Überfunktion fest, wird die meist unumgängliche medikamentöse Behandlung durch autogenes Training wirksam unterstützt. Als Vorsatzformeln haben sich bewährt:

„Schilddrüse angenehm kühl, ich behalte kühlen, klaren Kopf an jedem Ort, zu jeder Zeit."
„Überall und jederzeit Ruhe und Gelassenheit – Schilddrüse arbeitet träge und ruhig."

Nervösen Menschen und Patienten mit Schilddrüsenüberfunktion fällt autogenes Training anfangs ungleich schwerer als anderen. Es gehört zu ihrer Krankheit, dass sie sich nur schwer längere Zeit konzentrieren und entspannen können. Trotz dieser anfänglichen Probleme schaffen sie das Training aber auch. Beharrliches Üben und der feste Glaube an den Erfolg führen unweigerlich zur Beherrschung der Übungen – und die dann mögliche Normalisierung der gestörten Körperfunktionen lohnt die Geduld und Ausdauer, die das Training zunächst abverlangte.

Steigerung körperlicher und geistiger Leistung

Jeder Mensch verfügt über ein Potential an Leistungsreserven, das gewöhnlich nur in außergewöhnlichen Situationen genutzt wird, ihn dann aber zu einer oft unvorstellbaren Steigerung seiner Fähigkeiten beflügelt. Dafür gibt es zahlreiche praktische Beispiele, sei es nun der Bahnstreckenwärter, der eine tonnenschwere Draisine allein ohne Gerät aus den Gleisen hob, um einen Zusammenstoß mit dem heranbrausenden Personenzug zu verhindern, sei es die Mutter, die einen PKW anhebt, damit ihr darunter eingeklemmter Sohn mit letzter Kraft hervorkriechen kann, oder das junge Mädchen in einer Gruppe verirrter Bergsteiger, dem plötzlich die richtige Idee zur Rettung kommt, während die erfahrenen Kameraden sich schon aufgegeben haben.

Natürlich kann und darf es nicht Sinn des autogenen Trainings sein, solche gewaltigen Kraftreserven freizusetzen, die man im Alltag ohnehin nicht benötigt. Aber auch bei unserer gewohnten Tätigkeit nutzen wir unsere Leistungsfähigkeit aus vielerlei Gründen zu wenig aus. Der eine klagt darüber, dass er sich nicht konzentrieren kann, den anderen ermüdet eine eintönige Arbeit zu stark, beim dritten scheint das Gedächtnis überhaupt nichts zu behalten, und dem Vierten fehlt die Überzeugung, dass er seine Aufgaben überhaupt erfüllen kann. In all diesen Fällen hat sich die formelhafte Selbstbeeinflussung durch autogenes Training als Alltagshilfe ausgezeichnet bewährt. Auch Sportler können ihr Leistungsvermögen durch autogenes Training ganz erstaunlich steigern.

Konzentration bedeutet bewusste, zielgerichtete Einengung der Aufmerksamkeit auf das Erfassen und Gestalten von Sinn- und Wertgehalten durch das Bewusstsein. Einfacher ausgedrückt: Die Aufmerksamkeit befasst sich vorwiegend mit einem einzigen Gegenstand, andere Sinneseindrücke werden kaum noch wahrgenommen.

Die Konzentration unterliegt Schwankungen und wird von vielerlei Faktoren mitbestimmt, unter anderem durch Hormonhaushalt, Ermüdung und Freude an der Arbeit. Sie kann durch dauerndes Training so gesteigert werden, dass man tatsächlich alles andere um sich herum vergisst, wenn man sich einmal auf etwas konzentriert hat.

Viele Menschen leiden heute unter Konzentrationsstörungen, das beginnt schon bei den Schulkindern. Wichtige Ursachen dafür sind Reizüberflutung, zum Beispiel ständiger Lärm, zu häufiges Fernsehen und Ähnliches, Schlaf-, Bewegungsmangel oder stumpfsinnige automatisierte Arbeiten, wie sie durch die Rationalisierung in den Betrieben immer häufiger werden. Alle vermeidbaren Störfaktoren der Konzentration müssen von vornherein ausgeschaltet werden. Darüber hinaus wirken schon allein die Grundübungen der Unterstufe des autogenen Trainings konzentrationsfördernd. Genügt das noch nicht, kann die Konzentration überdies durch gezielte formelhafte Vorstellungen weiter gesteigert werden.

Welche Vorsatzformeln man wählt, hängt weitgehend vom Einzelfall ab. Als „Generalformel" wählt man zum Beispiel:

„Arbeit fällt leicht und macht Freude, ich arbeite sehr aufmerksam."

Der Geistesarbeiter kann seine Leistungsfähigkeit durch Vorstellungen wie

„Ideen fließen leicht wie von selbst",
„Einfälle strömen von selbst zu",
„Gedanken bleiben aufmerksam, ich arbeite leicht und frei"

deutlich verbessern. Machen sich Ermüdungserscheinungen bemerkbar, kann man die Zeit bis zur Pause überbrücken mit der Vorstellung:

„Ich arbeite leicht und aufmerksam weiter, ich halte durch und schaffe es."

Schüler und Studenten helfen sich mit dem Vorsatz:

„Lernen (oder Studium) gelingt leicht und macht Freude, ich lerne aufmerksam und schaffe alles."

Auch das Gedächtnis spielt für die Leistungsfähigkeit eines Menschen eine wichtige Rolle. Es kommt nicht nur darauf an, dass man alles speichert, es muss auch auf Abruf wieder zur Verfügung stehen. Vielen Menschen, alten wie jüngeren, gelingt das heute oft nicht mehr zur Zufriedenheit. Wenn keine organischen Ursachen (Arterienverkalkung) die Gedächtnisschwäche erklären, kann autogenes Training die Merkfähigkeit deutlich verbessern. Dazu eignet sich zum Beispiel die Vorstellung:

„Ich lerne aufmerksam mit Freude, Gedächtnis nimmt alles auf, ich erreiche mein Ziel."

Oder man stellt sich vor:

„Gedächtnis behält alles und stellt es jederzeit sofort wieder bereit."

Wer vor einer Prüfung steht, versucht eine kombinierte Vorsatzformel zu finden, die sowohl das Lampenfieber eindämmt als auch seine Konzentration und Aufmerksamkeit während der Prüfung erhöht, zum Beispiel:

„Prüfung vollkommen gleichgültig, Erfolg ist sicher, ich bleibe vollkommen gelassen, mutig und frei, Gedächtnis weiß alles – ich schaffe es."

Unspezifische Formeln zur verbesserten Arbeitsleistung sind zum Beispiel:

„Ich arbeite gerne mit Freude und bleibe ruhig und gesammelt."
„Arbeit macht Freude, ich schaffe mein Pensum und fühle mich wohl."

Wer unter eintöniger Arbeit leidet, stellt sich am besten Folgendes vor:

„Arbeit ganz gleichgültig, Wohlbehagen ist wichtig –
ich schaffe mein Pensum."

In einem solchen Fall sollte man sich aber trotz autogenen Trainings bemühen, einen anderen Arbeitsplatz zu finden, auch wenn dies schwierig ist.

Sehr nützlich kann autogenes Training für Berufskraftfahrer sein, aber auch für den privaten Autofahrer, der eine längere Fahrt unternimmt. Untersuchungen ergaben, dass weite Fahrten auf der Autobahn bei mäßigem Verkehr leicht zur Einschränkung der Aufmerksamkeit, ja sogar zu Tagträumen oder Halluzinationen führen können. So berichten Fernfahrer aus den USA, dass sie nach einigen Stunden Fahrt auf dem Highway rosarote Kaninchen, groß wie Elefanten, neben dem Fahrzeug herhoppeln sahen. Derartige Sinnestäuschungen erhöhen das Unfallrisiko natürlich stark. Wer autogenes Training beherrscht, kann solche lebensgefährlichen Einschränkungen des Bewusstseins am Steuer zuverlässig verhindern, indem er sich vor Antritt der Fahrt vorstellt:

„Ich bleibe beim Fahren frisch und munter."

„Ich bleibe am Steuer frisch und hellwach."

„Ich fahre gelassen, aufmerksam und wach und erreiche mein Ziel."

Zusätzlich wiederholt man sich bei längeren Fahrten etwa alle zwei Stunden diese Vorstellungen. Pausen nach jeweils zwei Stunden Fahrt sind ohnehin unerlässlich. Abgesehen von den Übungen des autogenen Trainings nutzt man sie zusätzlich noch, um sich einige Minuten zu bewegen. Dann kommt der durch das lange Sitzen beeinträchtigte Kreislauf wieder in Gang, und die häufigen Verspannungen in Nacken und Schultern werden gelöst.

Auch in diesem Zusammenhang muss wieder vor einem möglichen Missbrauch des autogenen Trainings gewarnt werden. Wer mit Hilfe des Trainings versucht, an einem einzigen Tag eine möglichst weite Strecke zurückzulegen, geht damit ein unverantwortliches Risiko ein. Autogenes Training trägt zwar dazu bei, dass eine vernünftige Strecke sicherer gefahren wird, Übermüdungen am Steuer durch unvernünftige Überanstrengungen kann es nicht ausschließen.

Ebenso wenig eignet sich das Training dazu, die durch Alkoholgenuss beeinträchtigte Fahrtüchtigkeit zu verbessern. Wer Alkohol getrunken hat – und sei es nur eine geringe Menge –, sollte die Hände vom Steuer lassen, selbst wenn er sich noch so munter und sicher fühlt. Schon bei nur 0,3 Promille Blutalkohol kann die Fahrtüchtigkeit gefährlich eingeschränkt sein.

Sehr interessant ist das autogene Training für den Leistungssportler. Deshalb wird es heute bereits von vielen Trainern und Sportmedizinern regelmäßig eingesetzt, um die Athleten auf Wettkämpfe vorzubereiten. Folgende Wirkungen darf der Sportler vom autogenen Training erwarten:

■ Mobilisierung aller Leistungsreserven, die zu deutlich verbesserten Wettkampfergebnissen führt,
■ Abbau von Ängsten, Startneurosen und anderen, seelisch verursachten Leistungshindernissen,
■ verringertes Verletzungsrisiko durch Beseitigung von Verspannungen und Verkrampfungen.

Im Gegensatz zum verbotenen Doping durch Medikamente besteht beim autogenen Training nach den Untersuchungen von Professor Ikai von der Universität Tokio keine Gefahr der Überforderung. Selbstbeeinflussung baut nur Leistungshemmungen ab, der Organismus schützt sich selbst durch unwillkürliche Reflexe vor Überanstrengungen. Deshalb sollte autogenes Training in keinem Trainingsprogramm fehlen.

Leben ohne Kopfschmerz

Das menschliche Gehirn selbst ist völlig schmerzunempfindlich. Selbst größere chirurgische Eingriffe können ohne Betäubung durchgeführt werden. Nur die Hirngefäße, Hirnhäute und die Kopfschwarte lösen Schmerzempfindungen aus.
Daraus erklärt sich, dass Kopfschmerz und Migräne hauptsächlich auf Veränderungen der Gefäßspannung im Gehirn zurückzuführen sind. Die Untersuchungen beweisen, dass nicht nur Gefäßkrämpfe, sondern auch Erschlaffung der Gefäße zu Schmerzen führen.
Die Ursachen der Kopfschmerzen und ihre Erscheinungsformen sind sehr vielfältig. Es ist deshalb unmöglich, ausführlicher darauf einzuge-

hen. Hinter Kopfschmerzen kann sich eine organische Krankheit verbergen, man denke an Grippe, Erkältung, Entzündung der Nasennebenhöhlen, Zahnwurzeleiterungen, Rachenkatarrhe, Verspannungen der Hals-Nacken-Muskulatur, krankhafte Veränderung im Bereich des oberen Wirbelsäulenabschnitts und vieles andere. Auch Aufregung, Ärger, Enttäuschung, ungelöste innere Konflikte und Sorgen, ja sogar Geisteskrankheiten wie zum Beispiel die Schizophrenie gehen häufig mit unklaren Kopfschmerzen einher.

Wohl jeder Mensch leidet im Laufe seines Lebens irgendwann einmal unter Kopfschmerzen. Meist gehen sie rasch wieder vorüber und sind harmlos. Manchmal kommen aber Patienten in die Praxis, die schon jahre- bis jahrzehntelang chronische Kopfschmerzen ertragen müssen und sie oft selbst durch Schmerztabletten behandeln. Hier gilt die gleiche Warnung wie beim Schlafmittelmissbrauch: Eine Tablette, gelegentlich einmal eingenommen, richtet keinen Schaden an, allenfalls kann man allergisch darauf reagieren. Ständige Verabreichung dagegen führt unweigerlich zur Dosissteigerung, denn der Körper gewöhnt sich an den Wirkstoff und benötigt immer größere Mengen, damit überhaupt noch eine Wirkung spürbar wird. Die Ursachen der Schmerzen kann eine Tablette kaum beseitigen, sie lindert nur das Symptom. Dauergebrauch erzeugt eine chronische Vergiftung, die Leber, Nieren, Herz, Kreislauf und andere Organsysteme schädigt und schließlich selbst zur Ursache von Kopfschmerzen wird.

Aus diesem Teufelskreis kann man nur entkommen, wenn man sich unter fachmännischer Aufsicht einer regelrechten Entziehungskur unterzieht. So weit muss es erst gar nicht kommen, wenn man die Schmerztablette durch autogenes Training ersetzt und bei allen Kopfschmerzen, die länger als einige Tage unvermindert anhalten oder ständig wiederkehren, den Arzt konsultiert. Die verbreitete Furcht vor einem Hirntumor ist fast immer unberechtigt und darf kein Grund sein, die Untersuchung immer weiter aufzuschieben. Je früher die Ursachen diagnostiziert und gezielt behandelt werden, desto schneller wird man ja auch den Schmerz und die quälende Angst los.

81

Allein die Entspannung, die man durch die Übungen der Unterstufe erreicht, kann Schmerzen schon deutlich lindern und Häufigkeit sowie Schwere der Migräneanfälle vermindern. Wenn das im Einzelfall nicht ausreicht, helfen zusätzlich gezielte positive Vorstellungen, zum Beispiel:

„Ich bleibe vollkommen ruhig und entspannt, Stirn angenehm kühl und schmerzfrei."
„Kopf wohltuend frei und kühl, ich bin vollkommen entspannt."

Spürt man den Schmerz mehr im Hinterkopf und in der Nackengegend, dann liegen oft als Ursachen Verspannungen der Muskulatur vor. Hier hilft die Wärmevorstellung im Nacken zusätzlich, die eine verbesserte Durchblutung und damit Entspannung der Nackenmuskeln erzeugt. Die Formel lautet etwa:

„Nacken wohltuend strömend warm, Stirn angenehm kühl, Kopf vollkommen frei von Schmerzen."

Nie darf man bei solchen Vorstellungen kühl durch das Wort kalt ersetzen, da es sonst zu Verkrampfungen der Hirngefäße mit verstärkten Schmerzen kommen kann.

Der Migränepatient, dessen Schmerz in den meisten Fällen zunächst auf eine Kopfseite beschränkt bleibt, die während des Anfalls wechseln kann, stellt sich schon bei den Vorboten des Migräneanfalls intensiv vor:

„Rechte (linke) Stirn wohltuend kühl und schmerzfrei."

Dadurch gelingt es nicht selten, den Anfall noch im Anfangsstadium zu unterdrücken, zumindest wird er aber abgeschwächt.

Hängen Migräneanfälle mit Bewegungen des Kopfes zusammen, dann besteht wahrscheinlich eine Sonderform der Migräne (Migraine cervicale), die durch Wärme im Nacken gelindert wird, also mit der Formel:

„Nacken wohltuend strömend warm, rechte (linke) Stirn wohltuend kühl, Kopf vollkommen klar und schmerzfrei. "

Allerdings darf man vom autogenen Training nicht erwarten, dass krankhafte Veränderungen an der Halswirbelsäule wieder rückgängig gemacht werden können. Das ist oft auch durch andere Therapiemethoden nicht mehr möglich. Dann wird das autogene Training zur Dauerbehandlung aber ganz besonders wichtig, um lebenslange Einnahme von Schmerzmitteln zu umgehen.

Eine andere Sonderform der Migräne, die Menière'sche Krankheit, wird von auch zwischen den Anfällen bestehenden, im Laufe der Zeit sehr quälenden Ohrgeräuschen, wie Klingen, Sausen, Zischen oder Brummen, begleitet. Dagegen hilft am besten die Indifferenzformel

„Ich bin vollkommen ruhig, Kopf völlig klar und schmerzfrei, Ohrensausen (Ohrgeräusche) völlig gleichgültig. "

Zu guter Letzt können Kopfschmerz und Migräne noch von den Augen ausgehen oder sehr quälend in die Augen ausstrahlen und zeitweise das Sehvermögen stark behindern. In solchen Fällen muss zunächst der Facharzt eine Augenkrankheit durch gründliche Untersuchung als Ursache ausschließen. In diesem Fall empfiehlt sich zum Beispiel die folgende Vorstellung:

„Kopf völlig klar und schmerzfrei, Stirn angenehm kühl, Augenhintergrund wohltuend warm, ich sehe klar und deutlich. "

Obwohl autogenes Training sich ausgezeichnet als Schmerzmittelersatz auch zum Dauergebrauch eignet, muss der Anwendung doch immer eine gründliche Untersuchung vorangehen. Sonst besteht die Gefahr, dass Symptome für einige Zeit zugedeckt werden, ohne dass autogenes Training die eigentlichen Ursachen zu beseitigen vermag, man denke an be-

83

ginnende seelische oder körperliche Krankheiten, auf die das Training keinen Einfluss nehmen kann. Erst wenn der Therapeut die Ursachen diagnostiziert hat, wird autogenes Training entweder allein oder zusätzlich zur unterstützenden Behandlung durchgeführt und erzielt häufig überraschende und schnelle Linderung der Beschwerden.

Auch eine ganze Reihe anderer Schmerzzustände werden durch das Training gelindert oder beseitigt. Auf diese Anwendungsgebiete kommen wir später noch ausführlich zu sprechen.

Beseitigung von Verstopfung und Verdauungsstörungen

Die Stuhlverstopfung gehört zu den wichtigsten Zivilisationsseuchen unserer Tage, unter der unzählige Menschen zeitweise oder chronisch leiden. Ihre Folgen sind beileibe nicht so harmlos, wie man gemeinhin glaubt. Werden die giftigen Stoffwechselendprodukte nur teilweise und zu selten ausgeschieden, dann entwickelt sich bald eine Selbstvergiftung des Körpers. In den leichteren Fällen wird sie vor allem von chronischen Kopfschmerzen begleitet, schlimmstenfalls kann sie sogar zum Tod führen. Abgesehen davon begünstigt Verstopfung mit Sicherheit den Darmkrebs.

Zahlreiche Ursachen können sich hinter einer plötzlich auftretenden oder chronischen Verstopfung verbergen. In unklaren Fällen sollte vorsorglich immer eine gründliche Untersuchung erfolgen, das gilt insbesondere für die plötzlich auftretene Verstopfung älterer Menschen. Liegen organische Erkrankungen als Ursache vor, richtet sich die Therapie immer danach.

In den meisten Fällen ist Stuhlverstopfung aber in erster Linie auf die heute übliche verfeinerte Kost zurückzuführen. Anstelle der täglich erforderlichen 25 g Ballaststoffe enthält sie durchschnittlich nur noch etwa 5 g. Eine nicht zu unterschätzende Rolle spielt auch der verbreitete Bewegungsmangel. Schließlich rufen Hektik und Nervosität oder seelische Erkrankungen Verkrampfungen des Darms hervor, welche die geregelte Stuhlentleerung erheblich behindern.

Zusammen mit Schlaf- und Schmerztabletten bilden die Abführmittel die häufigste Gefahr, die der Gesundheit heute von frei verkäuflichen Medikamenten droht. Viele Menschen nehmen sie gewohnheitsmäßig täglich ein, um den Darm zur Entleerung zu reizen. Eine gewisse Zeit geht das gut. Dann treten aber die ersten Schäden an der Darmschleimhaut auf, die Stühle werden dünnflüssig, wobei Vitamine und Mineralstoffe verloren gehen; später kommt es infolge des Abführmittelmissbrauchs zur Stuhlverstopfung und schließlich auch zu ernsten Erkrankungen innerer Organe, besonders häufig an Leber und Nieren, die unter Arzneimittelmissbrauch ohnehin immer am meisten zu leiden haben.

Es gibt keine harmlosen, sondern nur mehr oder weniger schädliche Abführmittel, das gilt für chemische wie für rein pflanzliche Zubereitungen. Deshalb ist ein solches Medikament gelegentlich einmal erlaubt, aber nie zur dauernden Stuhlregulierung. Wer bereits längere Zeit Abführmittel einnimmt, muss sie unter fachmännischer Überwachung sofort vollständig absetzen. Gewöhnlich normalisiert sich die Stuhlentleerung dann innerhalb von zwei bis vier Wochen wieder. Die Zwischenzeit muss nach Anweisung des Therapeuten durch Einläufe und entsprechende Diät überbrückt werden.

Im Allgemeinen leidet niemand, der die Unterstufe des autogenen Trainings beherrscht, mehr als ein oder zwei Tage unter Stuhlverstopfung, die dann ernährungs- oder krankheitsbedingt ist. Die tägliche Entspannung harmonisiert im Laufe der Zeit alle Körperfunktionen, also auch die Darmtätigkeit, und lässt Verkrampfungen erst gar nicht entstehen. Allerdings sollte immer die bisher übliche Ernährungsweise geändert werden, das bedeutet mehr schlackenreiche Rohkost, angereichert mit Diätweizenkleie aus dem Reformhaus, und zusätzlich ausreichend körperliche Bewegung.

In hartnäckigen Fällen sind zusätzlich Vorsatzformeln angezeigt, die einmal die Verstopfung allmählich schonend regulieren und den Darm zur „Pünktlichkeit" erziehen, so dass sich der Stuhldrang täglich reflexartig zur gleichen Zeit einstellt, wenn auch die äußeren Umstände eine Darmentleerung zulassen.

Eine der formelhaften Vorstellungen, die Schlafstörungen und Verstopfung beseitigt, lernten wir weiter vorne schon kennen. Sie lautet:

„Ich schlafe des Nachts ganz ruhig und fest, der Stuhlgang am Morgen gelingt aufs Best."

Diese Formel wird häufig gebraucht, denn Schlafstörungen treten oft gemeinsam mit Verstopfung auf. Im Schlaf arbeiten die Verdauungsorgane auf Hochtouren, um neue Energie für den Tag zu gewinnen. Gestörter Schlaf behindert ihre Funktionen meist erheblich.

Stattdessen kann man nur zur Stuhlregulierung auch eine der folgenden Formeln wählen:

„Stuhlgang eine halbe Stunde nach dem Wecken."
„Darm arbeitet gelassen und pünktlich, Stuhlgang folgt dem Aufstehen."

Bei schmerzhaften Verkrampfungen stellt man sich vor:

„Leib ganz locker, Darm entleert sich pünktlich."
„Bauch angenehm strömend warm, Stuhlgang pünktlich um … (Uhrzeit)."

Helfen solche Vorstellungen nicht binnen zwei bis vier Wochen so deutlich, dass der Stuhldrang sich regelmäßig zur selben Zeit einstellt, muss unbedingt bald eine gründliche Untersuchung vorgenommen werden.

Patienten mit Hämorrhoiden, die oft auf chronische Verstopfung zurückzuführen sind, sollten besonders sorgfältig auf weiche Stühle und regelmäßige Darmentleerung achten. Ihnen hilft zum Beispiel der folgende Vorsatz, der überdies noch die Schmerzen durch die Hämorrhoiden lindert:

„Stuhlgang pünktlich, weich und locker, Sitzfläche angenehm, ein wenig kühl."

Schließlich gibt es noch Kranke, denen es schwer fällt, auf fremde Toiletten zu gehen. Manchmal scheuen sie sogar den Weg zur eigenen und verhalten den Stuhl willentlich so lange, bis es zum Reflexverlust und chronischer Darmträgheit kommt. Vor allem Frauen neigen zu dieser Art Verstopfung, die sich meist mit neurotischen Fehlhaltungen und Erziehungsfehlern erklären lässt. Ihnen empfiehlt sich die Vorstellung:

„An jedem Ort, zu jeder Zeit gebe ich sofort dem Stuhldrang nach."

Auch die Indifferenzformel kann helfen, zum Beispiel:

„Stuhlgang gelingt immer, Ort völlig gleichgültig."

Diese Formulierungen können auch der verbreiteten kurzfristigen Verstopfung auf Reisen oder im Urlaub vorbeugen.

Nach den Untersuchungen Sigmund Freuds, die auch von der modernen psychosomatischen Medizin zum Teil bestätigt wurden, entspricht der chronischen Verstopfung oft – nicht immer – ein ganz bestimmter Charaktertyp. Er neigt dazu, sich kleinlich, sparsam bis geizig, auf gewissen Gebieten pedantisch zu verhalten, ist misstrauisch, pessimistisch, kontaktarm und fühlt sich nicht geliebt. Frigide Frauen leiden überdurchschnittlich oft unter chronischer Verstopfung. Sicher gibt es auch ganz andere Persönlichkeiten unter den chronisch verstopften Menschen, immerhin sollte man sich bei Darmträgheit mit Hilfe der Oberstufe des autogenen Trainings doch selbst erforschen und gegebenenfalls durch gezielte Selbstbeeinflussung derartige Verhaltensformen so weit wie notwendig ändern.

Auch das Gegenteil der Verstopfung, der Durchfall, kann seelisch bedingt sein. Nicht selten verbergen sich dahinter Ängste, unterdrückte Aggressionen, Bedürfnis nach Selbstreinigung oder die Tendenz, im Übermaß zu geben. An solche Beziehungen zur Persönlichkeitsstruktur sollte man vor allem bei chronischen Durchfällen denken. Vorübergehender Durchfall dagegen entsteht oft durch verdorbenen Magen, leichte Darminfektionen (Sommerdurchfall) und Ähnliches.

Grundsätzlich muss jeder Durchfall, der nicht binnen drei Tagen durch Teefasten und Apfeldiät aufhört, ärztlich untersucht werden. Sofort ist der Arzt zu rufen, wenn der Allgemeinzustand des Kranken sich zusehends verschlechtert und Fieber besteht. Dann könnte eine ernste Darminfektion vorliegen. Längere Durchfälle führen häufig zu chronischen Darmkatarrhen. Außerdem droht durch den Flüssigkeits- und Salzverlust ein lebensgefährlicher Zustand, der sich durch plötzlich auftretende Krämpfe ankündigt. Er erfordert sofortige klinische Intensivbehandlung.

Das autogene Training dient bei einem vorübergehenden leichten Durchfall vor allem der Linderung der Bauchkrämpfe und beschleunigt die Heilung, bei chronischen Durchfällen unterstützt es die Therapie. Geeignet sind zum Beispiel folgende Vorstellungen:

„Darm arbeitet ruhig und gelassen, Leib strömend warm und locker."
„Mastdarm behält Stuhl, Bauch warm und gelassen."

Durchfall durch Angstzustände lindert ein Vorsatz wie:

„Ich bin vollkommen ruhig, mutig und frei, Darm arbeitet gelassen und behält alles."

Wie der Durchfall kann auch das Erbrechen eine unerwünschte Reaktion auf verdorbene Speisen und Ähnliches sein, die man nie zu rasch unterdrücken soll. Aber auch hinter Erbrechen können sich sehr ernste Krankheiten verbergen, und nach zwei bis drei Tagen kann infolge des Flüssigkeits- und Salzverlustes Lebensgefahr bestehen. Deshalb konsultiert man in allen unklaren Fällen den Fachmann, spätestens dann, wenn nach zwei Tagen durch Teefasten und Diät keine deutliche Besserung erzielt wird. Autogenes Training kann bei organischen Ursachen nur die Symptome lindern, aber nicht die Vergiftung, Infektion oder eine der anderen Ursachen beseitigen.

Ausgezeichnet hilft autogenes Training dagegen bei nervösem Brechreiz, Erbrechen auf Reisen (See-, Luft-, Autokrankheit) und – wenn keine Schwangerschaftsvergiftung vorliegt – beim Schwangerschaftserbrechen (Arzt fragen). In den beiden letzten Fällen bietet es vor allem den Vorteil, dass die Fahrtüchtigkeit nicht eingeschränkt bzw. die Leibesfrucht nicht geschädigt wird.

Menschen mit nervösem Erbrechen müssen unter Umständen auch psychotherapeutisch behandelt werden, denn dahinter verbirgt sich oft eine Neurose. Als Formel dagegen kann man zum Beispiel den folgenden Vorsatz wählen:

„Überall und jederzeit, Ruhe und Gelassenheit, Magen behält alle Speisen."

Auf Reisen verhindert man das Erbrechen etwa durch die Vorstellung:

„Ich genieße die Fahrt, Bewegung ganz gleichgültig, Speiseröhre und Magen völlig gelassen, ich behalte alle Speisen."

Vorbeugend sollte man vor Antritt der Reise ferner ausreichend schlafen und keine zu schwere Mahlzeit zu sich nehmen. Die üblichen Mittel gegen die Reisekrankheit können fast alle zur Müdigkeit mit verminderter Fahrtüchtigkeit führen, sind für den Fahrzeughalter also streng verboten (Einnahme ist sogar strafbar!).

Das Schwangerschaftserbrechen kann auch durch eine Vergiftung (Schwangerschaftstoxikose) ausgelöst werden, in der Mehrzahl der Fälle spielen aber seelische Ursachen eine wichtige Rolle, zum Beispiel der unbewusste Widerstand gegen die Schwangerschaft. Die Einnahme von Arzneimitteln ist für Schwangere bekanntlich immer bedenklich, gleichgültig, um welche Medikamente es sich handelt. Sie muss auf die wirklich notwendigen Fälle beschränkt bleiben. Ohne ärztliche Zustimmung dürfen Schwangere überhaupt keine Medikamente einnehmen.

Im Allgemeinen kann autogenes Training das Schwangerschaftserbrechen lindern, Hypnose wirkt in hartnäckigen Fällen oft besser und schneller. Die Vorsatzformel bespricht man am besten mit dem Arzt, der im Rahmen der Schwangerschaftsfürsorge aufgesucht wird. Bei der Formulierung kommt es vor allem darauf an, die Ursachen zu erkennen und zu beeinflussen. Zum Beispiel können folgende Formeln wirksam sein:

„Ich bin vollkommen ruhig und gelassen und nehme mein Kind an, Magen behält alle Speisen."
„Ich sage ja zur Schwangerschaft und fühle in mir neue Kraft, Magen arbeitet ruhig und gelassen."
„Mein Magen behält alle Speisen, Schwangerschaft macht glücklich und frei."

In seelischen Konfliktsituationen treten oft Schluckstörungen auf. Entweder kann der Patient sich mit seiner Situation nicht abfinden, sie nicht „hinunterschlucken", oder er „würgt alles hinunter". Im ersten Fall kann er Speisen nur mit Schwierigkeiten zu sich nehmen, im zweiten schluckt er viel Luft (Aerophagie) und leidet dadurch unter unangenehmen Blähungen. Da Blähungen und Schluckbeschwerden aber auch als Folge organischer Krankheiten auftreten können, empfiehlt sich bei länger anhaltenden Störungen unbedingt fachmännische Untersuchung.

Gegen Schwierigkeiten beim Schlucken helfen zum Beispiel die folgenden Vorstellungen:

„Speiseröhre arbeitet ruhig und gelassen, Nahrung gleitet frei in den Magen."
„Beim Essen bleibe ich ruhig und entspannt, Speiseröhre nimmt die Nahrung an."
„Ich bin ruhig und gelassen und entspannt, Schlucken gelingt immer."

Wer zum unbewussten nervösen Luftschlucken neigt, beeinflusst die unerwünschten Schlingbewegungen der Speiseröhrenmuskulatur etwa mit den folgenden Vorstellungen:

„Speiseröhre bleibt ruhig und gelassen, Schlucken völlig gleichgültig."
„Ich bin vollkommen ruhig, gelassen und frei, Schlucken völlig gleichgültig."
„Schlucken nur beim Essen und Trinken, Speiseröhre arbeitet gelassen und frei."

Befreiung von Nikotin und Alkohol

Im Grunde gleicht der Raucher einem kleinen Kind, das den Finger in den Mund steckt oder am Schnuller saugt. Er will sich durch die Zigarette beruhigen, Unsicherheit überwinden, Enttäuschungen, Aufregungen, Ärger und andere negative Erfahrungen abreagieren. Ähnliche seelische Mechanismen findet man oft auch beim Übergewichtigen, der statt zur Zigarette zu Süßigkeiten und anderen Speisen greift.

Der Griff zur Zigarette beruht also auf einer erlernten Reaktion, deren Wurzeln bis in die orale Phase der frühkindlichen Entwicklung reichen können. Deshalb gelingt es auch so relativ selten, allein durch Willensanstrengung das Rauchen wieder aufzugeben. Das einmal erlernte Verhalten hat sich so tief eingeprägt, dass es sogar die Angst vor den gesundheitlichen Folgen des Rauchens überwindet. Denn dank der groß angelegten Aufklärungsarbeit weiß heute jeder Raucher, dass seine Gewohnheit das Risiko von Lungenkrebs, Herzinfarkt und zahlreichen anderen Erkrankungen beträchtlich erhöht und seine Lebenserwartung stark verkürzt. Die pharmakologischen Wirkungen des Nikotins auf den Körper dagegen sind vergleichsweise gering, die Abhängigkeit beruht vorwiegend auf psychischen Faktoren. Darin unterscheidet sich das Rauchen von vielen anderen Abhängigkeiten, auch vom Alkoholismus.

Es gibt zahlreiche Anti-Raucher-Programme. Nicht selten bleiben sie ohne dauernden Erfolg. Autogenes Training dagegen, das sowohl die positive Vorstellung als Motivation für das Nichtrauchen entwickelt als auch durch entsprechende Vorsatzformeln dazu beiträgt, das gelernte Verhalten wieder zu verlernen, führt meist zu deutlich besseren Ergebnissen.

Schon die Übungen der Unterstufe des autogenen Trainings allein können genügen, um den täglichen Nikotinkonsum erheblich zu vermindern. Diese Wirkung erklärt sich aus der seelischen Stabilisierung und der allgemeinen Beruhigung und Entspannung, die während des Trainings eintritt. Außerdem lehrt konsequentes Üben immer auch mehr Selbstbeherrschung und Disziplin, die dem Raucher sehr zugute kommen.

Wenn diese Wirkung der Grundübungen noch nicht ausreicht, wird zusätzlich konsequent bis zum Nichtrauchen durch entsprechende Vorsatzformeln trainiert. Dabei genügt es nicht, sich das Rauchen einfach zu verbieten, es muss auch eine Motivation gefunden werden, damit das Bedürfnis nach der Zigarette sich allmählich abbauen lässt. Dazu verwendet man zum Beispiel eine Formel wie folgt:

„Rauchen bedroht meine Gesundheit, Nichtrauchen macht froh und glücklich, je weniger Rauchen, desto wohler fühle ich mich, Rauchen ist vollkommen gleichgültig."

Besonders wichtig ist es, mit dem Verzicht auf Nikotin das Gefühl des Wohlbehagens zu verknüpfen, denn vor allem zu Anfang eines solchen Programms fühlen passionierte Raucher sich sehr unwohl und sind für den Griff zur Zigarette besonders anfällig. Auch folgender Vorsatz kann deshalb sehr empfohlen werden:

„Durch Nichtrauchen glücklich, froh und wohl, ich bleibe ohne Zigaretten ruhig und gelassen, Rauchen vollkommen gleichgültig, Zigaretten fallen aus der Hand."

Nicht selten neigen ehemalige Raucher dazu, anstelle von Zigaretten Süßigkeiten zu konsumieren. Das bestätigt die gleichen Wurzeln von Rauchen und Übergewicht in der frühen Kindheit. Dem beugt man vor, indem man die Vorsatzformel etwa wie folgt ändert:

„Rauchen vollkommen gleichgültig und überflüssig, Nichtrauchen macht glücklich und schenkt jederzeit Ruhe und Gelassenheit, zwischen den Mahlzeiten bin ich entspannt und satt."

Wenn alle diese Vorstellungen und Vorsätze noch nicht genügen, dann entwickelt man eine regelrechte, durch autogenes Training unterstützte Verhaltenstherapie, um das eingeschliffene Verhalten wieder zu verlernen. Dabei suggeriert man sich nicht, dass man nicht mehr raucht, sondern erschwert sich den Zugriff zur Zigarette. Man kann sie zum Beispiel so aufbewahren, dass man nur mit Anstrengung an sie gelangt, etwa auf einem hohen Schrank oder tief in einer vollen Truhe. Bewährt hat es sich auch, jede Zigarette einzeln sorgfältig einzuwickeln und überdies die gesamte Packung in ein verschnürtes Paket zu legen. Jedes Mal, wenn man rauchen möchte, muss man im Schrank oder in der Truhe eine Zigarette suchen oder das große Paket aufschnüren, um eine Zigarette zu entnehmen, die dann nochmals ausgepackt werden muss.

Damit nicht genug, über jede gerauchte Zigarette führt man genau Buch, und zwar mit Angabe der Uhrzeit, des Grunds des Rauchens (Aufregung, Ärger usw.) und des Genusses, den die Zigarette vermittelt hat. Dazu nimmt man sich im autogenen Training noch vor:

„Rauchen vollkommen gleichgültig, ich rauche nur noch mit Genuss, ich erreiche das Nichtrauchen gelassen, ruhig und frei."

Dieses Anti-Raucher-Training, in den Grundzügen von dem New Yorker Arzt Dr. Frederickson entwickelt, führte schon in vielen Fällen zur bleibenden Entwöhnung, zumindest aber zur deutlichen Verringerung des

Nikotinkonsums. Es muss aber konsequent durchgehalten werden, auch wenn das vor allem zu Anfang sehr schwer fällt.

Neben dem Millionenheer der Raucher nimmt sich die rund eine Million Alkoholkranker in der Bundesrepublik vergleichsweise bescheiden aus. Ihre Zahl steigt aber seit einigen Jahren immer mehr. Während früher vor allem Männer zu Alkoholikern wurden, befinden sich heute schon oft Frauen, Jugendliche, ja sogar Kinder darunter. Die jüngste bisher bekannt gewordene Alkoholikerin in der Bundesrepublik war gerade acht Jahre alt. Nach Schätzungen gibt es bei uns im Augenblick rund 150 000 noch nicht volljährige Alkoholkranke.

Die Krankheit Alkoholismus führt zur seelischen und körperlichen Abhängigkeit. Deshalb kann sich der echte Alkoholiker aus eigener Kraft nicht mehr vom Alkohol befreien. Die Entzugserscheinungen, die dabei auftreten, können lebensgefährlich werden und erfordern intensive klinische Therapie.

Wenn das akute Stadium der Entzugserscheinungen überstanden ist, beginnt die langwierige Nachbehandlung, die monatelang dauert. Sie muss, um einige Aussichten auf Erfolg bieten zu können, nicht nur ein neues Verhaltensmuster trainieren, sondern den Alkoholkranken zugleich befähigen, nach der Entlassung besser mit seinen Problemen fertig zu werden. Die hohe Rückfallquote erklärt sich in erste Linie daraus, dass nach der erfolgten Entziehungskur die Schwierigkeiten, die den Kranken einst zum Glas greifen ließen, nicht beseitigt, sondern eher noch angewachsen sind. Ohne Persönlichkeitsreifung und Unterstützung durch die Umwelt kann er es kaum schaffen, lebenslang keinen Tropfen Alkohol mehr anzurühren. Dies ist aber die Voraussetzung jeder dauerhaften Entwöhnung.

Der Alkoholismus kann im eigentlichen Sinne nicht geheilt werden, man bleibt immer Alkoholiker. Schon eine Weinbrandpraline mit ihrem verschwindend geringen Alkoholanteil genügt meist, um alle mühsam aufgebauten Schranken niederzureißen und den Patienten erneut zum Alkoholiker werden zu lassen.

Die Nachbehandlung außerhalb der Klinik dauert meist Jahre, wobei vor allem die Vereinigung der „Anonymen Alkoholiker" wertvolle Arbeit leistet. Aber auch autogenes Training spielt schon bei der klinischen Behandlung, erst recht aber zur Vorbeugung und Nachbehandlung eine große Rolle. Keinesfalls darf es als Ersatz für die klinische Entziehungskur missverstanden werden. Der echte Alkoholkranke, der allein mit autogenem Training seine Krankheit behandeln will, geht im Stadium der akuten Entzugserscheinungen (Delirium tremens) ein lebensgefährliches Risiko ein.

Alkoholismus ist eine Krankheit, die ärztlicher Behandlung bedarf. Daran sollten aber auch alle die Menschen denken, die den Alkoholiker verurteilen. Er braucht unsere Hilfe in der Familie, im Freundes- und Bekanntenkreis und am Arbeitsplatz, damit er zukünftig ohne Alkohol leben kann. Vorurteile und Ablehnung machen oft die ärztliche Arbeit von Monaten mit einem Schlag zunichte.

Alkoholismus entsteht nicht von heute auf morgen, es vergehen Jahre, bis aus dem Gewohnheitstrinker der Zwangstrinker geworden ist. In dieser Zeit, also im Vorfeld der eigentlichen Krankheit, kann autogenes Training mit guten Erfolgsaussichten angewendet werden, um wieder vom Alkohol loszukommen – je früher man das Problem erkennt und etwas dagegen unternimmt, desto besser.

Schon die Übungen der Unterstufe des autogenen Trainings allein vermitteln dem Gefährdeten oft so viel neue Selbstsicherheit, Gelassenheit und Disziplin, dass er nicht mehr in jeder Stresssituation zur Flasche greifen muss. Zusätzlich empfehlen sich Vorsatzformeln wie:

„An jedem Ort, zu jeder Zeit Ruhe und Geborgenheit, Alkohol ganz gleichgültig."
„Verzicht auf Alkohol macht stark und froh, je weniger Alkohol, desto ruhiger und mutiger."
„Ich schaffe mein Ziel mit Sicherheit: Jederzeit, bei jeder Gelegenheit völlig vom Alkohol befreit, Verzicht macht stark und glücklich."

Während der klinischen Entziehungskur wird der Alkoholkranke von den Therapeuten passende Vorsatzformeln lernen, die er nach der Entlassung konsequent weiterhin anwenden muss. Geeignet sind zum Beispiel:

„Mit allen Menschen gut Freund, ohne Alkohol glücklich und froh, ich trinke niemals Alkohol, ich schaffe es."
„Zu keiner Zeit, an keinem Ort, bei keiner Gelegenheit trinke ich Alkohol – ich schaffe es."
„Ich bleibe konsequent für immer abstinent, das macht mich glücklich und froh und bleibt ein Leben lang so."
„In jeder Situation kühlen, klaren Kopf, alle Probleme lassen sich lösen, Alkohol vollkommen gleichgültig."
„Alkohol riecht widerlich, und darum verzichte ich ruhig, gelassen, stark und froh, und das bleibt für immer so."

All diese Formeln, trotz aller Anfangsschwierigkeiten immer wieder konsequent intensiv vorgestellt, bilden zusammen mit jahrelanger ärztlicher und psychotherapeutischer Betreuung die Grundlage jeder erfolgreichen Entwöhnung. Gefördert wird sie, wenn auch der Ehegatte auf Alkohol verzichtet und der Bekanntenkreis das heute leider fast schon üblich gewordene „Nötigen" zum Alkoholgenuss unterlässt. Wir sollten uns angewöhnen, den Nichttrinker als vollwertigen Menschen anzunehmen, gleichgültig, ob er aus Überzeugung nicht trinkt oder weil er Alkoholiker ist. Alkoholverzicht hat nichts mit „komisch" zu tun, Trinkfestigkeit beweist keine Männlichkeit, der Schwips darf nicht mit Frohsinn verwechselt werden.

Empfehlenswert ist es auch, wenn der Alkoholgefährdete gemeinsam mit seinem Partner das autogene Training übt. Das unterstützt seinen Durchhaltewillen und vermittelt beiden ein tieferes Gefühl der Zusammengehörigkeit, neben dem die Probleme nicht mehr so trennend wirken.

Seelisch gesund durch positive Vorstellungen

Die seelische Krankheit hat viele Gesichter. Man rechnet im weitesten Sinne eigentlich jede Abweichung von der Norm dazu, ohne sich die Frage zu stellen, wie weit normales Verhalten die Individualität eines Menschen unzulässig einschränkt. Ein einfaches Beispiel kann das Problem verdeutlichen: Es ist in unseren Breiten normal, dass ein alter Mensch eine Zahnprothese benötigt. Natürlich ist das aber sicher nicht, denn eigentlich sollten die Zähne ein Leben lang „halten". Und niemand wird auf den Gedanken kommen, einem Einzelnen, der noch mit 70 Jahren über ein gesundes Gebiss verfügt, alle Zähne zu ziehen, nur damit er der Norm seiner Altersgenossen entspricht.

Dieses Beispiel zeigt, wie vorsichtig man mit Begriffen wie „normal" und „verrückt" umgehen muss, im körperlichen wie im seelischen Bereich. Leider ist diese Toleranz noch viel zu wenig verbreitet, was die Vorurteile gegen seelisch Kranke in unserer Gesellschaft erklärt. Der verhaltensgestörte Neurotiker und erst recht der geistig gestörte „Verrückte" zeigen uns Entwicklungsmöglichkeiten, die auch in uns ruhen, die wir aber ablehnen. Deshalb lehnen wir auch den seelisch Kranken ab, um uns nicht mit diesen Möglichkeiten in uns auseinander setzen zu müssen. Den besten Beweis dafür liefert das offenbar nicht auszurottende „Märchen" vom gewalttätigen, gefährlichen Geisteskranken, mit dem wir unsere Ablehnung begründen. In Wahrheit begehen Geistesgestörte weniger Verbrechen als Normale – sofern man Kriminalität nicht generell als besonderen Ausdruck einer seelischen Störung betrachten will.

Indem wir dem seelisch Kranken nicht unsere Zuneigung und Hilfe, sondern Vorurteile entgegenbringen, treiben wir ihn häufig noch tiefer in seine Krankheit. Alle Verbesserungen bei der medizinischen Versorgung solcher Patienten müssen Stückwerk bleiben, solange wir sie nicht unvoreingenommen annehmen – solange wir nicht die Schattenseiten unserer eigenen Persönlichkeit akzeptieren.

Hilfe bei seelischen Krankheiten

Man teilt die seelischen Krankheiten nach verschiedenen Gesichtspunkten ein, die hier nicht von Bedeutung sind. Uns interessiert nur, wie weit seelische Krankheiten durch autogenes Training gebessert oder geheilt werden können. Die Grenze zeichnet sich dort ab, wo der Kranke infolge seines Leidens nicht mehr zu positiven Vorstellungen in der Lage ist. Wer sich in einem Anfall schwerster Depression in die völlige körperliche Starre zurückgezogen hat (depressiver Stupor), in einer Wahnwelt von lauter Feinden umgeben lebt (Paranoia, Schizophrenie) oder wegen organischer Veränderungen am Gehirn (Arterienverkalkung, Infektionen, Unfälle usw.) in seiner Persönlichkeit gestört ist, kann in der Regel das autogene Training nicht mehr erlernen. Dies wird allenfalls dann möglich sein, wenn andere psychotherapeutische und medikamentöse Maßnahmen seinen Zustand gebessert haben. Auch bei manchen Formen der Neurose und abnormen Persönlichkeitsentwicklungen kann autogenes Training nicht oder kaum helfen.

Angezeigt ist es häufig bei Neigung zu abnormen Erlebnisreaktionen, wie explosiven Wutausbrüchen oder Kurzschlussreaktionen, einfachen seelischen Fehlentwicklungen, leichteren Angstzuständen und depressiven Verstimmungen als Reaktion auf äußere Erlebnisse, manchen Zwangssyndromen und Störungen des Sexuallebens. Darüber hinaus eignet es sich auch zur Linderung vegetativer psychosomatischer Erkrankungen, also in den Fällen, in denen sich aus seelischer Ursache körperliche Krankheiten entwickeln. Einige wie das Magengeschwür lernten wir bereits kennen, die anderen werden im nächsten Kapitel besprochen.

Abnorme Erlebnisreaktionen und einfache Fehlentwicklungen

Dazu rechnet man alle Verhaltensmuster, die als Reaktion auf Enttäuschungen, Aufregungen, Streit, Stress und andere äußere Einflüsse auftreten und vom üblichen Verhalten abweichen. Ob sie immer krankhaft sind, kann im Einzelfall nur der Fachmann beurteilen. Grundsätzlich gilt : Jede abnorme Erlebnisreaktion oder seelische Fehlentwicklung, unter der die Umwelt des Patienten und/oder er selbst leidet, sollte durch Vorstellungen im autogenen Training zweckmäßig verändert werden.

Wie schwer eine sichere Unterscheidung in krankhaft oder ungewöhnlich fallen kann, veranschaulicht das folgende Beispiel. Der Mann, der seine Ehefrau beim Seitensprung erwischt und sich in überschäumender Wut sinnlos betrinkt, reagiert nach allgemeiner Auffassung nicht unnormal, zumindest kann man sein Verhalten verstehen. Der Psychologe wird dahinter im Einzelfall aber nicht Verzweiflung und Schmerz, sondern gekränkte Eitelkeit erkennen – und dann stimmt in der Einstellung des Mannes zur Partnerschaft etwas nicht.

Andererseits handelt der Mann, der einen solchen Seitensprung hinnimmt, damit nicht entsprechend der Norm. Aber auch dahinter können sich sehr verschiedenartige Motive verbergen: Gleichgültigkeit, Angst vor dem völligen Verlust der Ehefrau oder wirkliches Verständnis und echte Toleranz, die nicht nach der Schuld suchen und so auch keine Verzeihung des Fehltritts erforderlich machen.

Für die Betroffenen sind diese Hintergründe ihres Verhaltens meist nicht erkennbar, es sei denn, sie hätten mit Hilfe der Oberstufe des autogenen Trainings gelernt, sich selbst zu erkennen. Deshalb empfiehlt sich oft ein aufklärendes Gespräch mit dem Psychotherapeuten, wenn nötig auch eine regelrechte seelische Behandlung über einen längeren Zeitraum.

Autogenes Training kann die Neigung zu abnormen Reaktionen gleich welcher Motive oft günstig beeinflussen und damit zumindest eine Psychotherapie wirksam unterstützen. In erster Linie eignen sich dazu die verschiedenen Ruheformeln, im Einzelfall mit anderen positiven Vorstellungen verknüpft, zum Beispiel:

„An jedem Ort, zu jeder Zeit Ruhe und Gelassenheit."
„In jeder Situation, zu jeder Zeit bewahr ich Ruhe und Gelassenheit und Respekt vor den anderen."

„Ich behaupte mein Recht, das ist niemals schlecht, mit Ruhe und Sicherheit, das bringt mich im Leben weit."
„Was auch immer geschieht, ich bleibe ruhig, gelassen und sicher, beherrsche mich selbst, verstehe die andern und erkenne: Nichts ist immer ganz schlecht."

Auf einen einfachen Nenner gebracht, sollen die Vorstellungen im autogenen Training beim seelisch Kranken die Eigenschaften wecken, die bei seinen Reaktionen zu kurz kommen, also Ruhe, Selbstsicherheit, Beherrschung, Respekt, Toleranz und Verständnis. Wer sich unsicher fühlt, wo er mit dem autogenen Training ansetzten soll, bespricht die Übungen am besten mit einem im autogenen Training erfahrenen Fachmann.

Aggressionen und Wutausbrüche

Diese beiden Verhaltensformen gehören häufig noch zu den abnormen Erlebnisreaktionen. Vom üblichen Zorn, Ärger und der gesunden Selbstbehauptung unterscheiden sie sich durch die Explosivität, mit der sie zum Ausbruch kommen, durch den oft nichtigen Anlass und durch den Verlust der Selbstbeherrschung, der alle anerzogenen Hemmschwellen niederreißt. Teils richtet sich die Aggressivität gegen andere Menschen oder Sachen, teils gegen den Aggressiven selbst, was bis zum Selbstmordversuch, aber auch zur seelischen Demütigung und Qual führen kann.

Hinter derartigen Reaktionen steht, das wird meist vergessen, in der Regel keine rücksichtslose Stärke, sondern Angst. Der aus Angst aggressive Mensch ähnelt dem kleinen Jungen, der in den dunklen Keller steigt und dabei laut und frech ein Lied vor sich hin pfeift, nur um seine Angst nicht zu zeigen. Deshalb sind Vorwürfe und Drohungen an die Adresse des Aggressiven nicht am Platze, sie steigern seine Angst nur noch weiter. Vielmehr sollte der Patient durch autogenes Training lernen, seine explosiven Reaktionen zu beherrschen und mit seinen Ängsten fertig zu werden, damit sie ihn nicht überwältigen.

Geeignet sind die Ruheformeln, die wir schon im vorangegangenen Kapitel empfohlen haben. Bei Bedarf werden sie zusätzlich unterstützt durch die im folgenden Kapitel ausführlich besprochenen Vorstellungen gegen die Angst.

In der eigenen Praxis haben sich die beiden folgenden Vorstellungen gut bewährt:

„Ich bin frei, mutig und gelassen, Ängste vollkommen gleichgültig, in jeder Situation, zu jeder Zeit Respekt vor andern und Gelassenheit."
„Angst, Wut und Aggression völlig gleichgültig, Ruhe, Gelassenheit und Sicherheit wichtig, ich nehme mich und die anderen freudig an, das führt mich auf die rechte Bahn."

Im Einzelfall können individuelle andere Vorsatzformeln, zusätzliche Psychotherapie oder auch einmal vorübergehende medikamentöse Behandlung notwendig sein.

Angst und Depressionen

Psychologisch unterscheidet man die vom lateinischen Wort angustia (= Enge) abgeleitete Angst, das gegenstandslose Gefühl des Bedrohtseins, durch etwas Unbekanntes, Unvorhersehbares, von der auf etwas Konkretes bezogenen Furcht (vor Schmerz, Strafe usw.). Angst gehört zum menschlichen Leben, jeder kennt sie in irgendeiner Form. Während der seelisch stabile Mensch aber mit ihr leben kann, flieht der seelisch Kranke vor ihr, versucht sie zu verdrängen. Auf Dauer gelingt ihm das nie.

Von der seelisch verursachten neurotischen Angst zu unterscheiden ist die durch körperliche Krankheiten, vor allem Herzleiden, hervorgerufene Angst, die sich beim Angina-pectoris-Anfall oder Herzinfarkt bis zur Vernichtungs- und Todesangst steigert.

Zur Linderung akuter Angstzustände sind oft Arzneimittel (Psychopharmaka) angezeigt. Allerdings beseitigen sie nicht die Ursachen. Die Zeit, in der die Angst medikamentös verringert wird, muss zur Psychotherapie genutzt werden. Ob autogenes Training allein oder unterstützend angewendet wird, richtet sich nach der Schwere der Angst und ihren seelischen Ursachen.

Die positiven Vorstellungen sollen das Vertrauen in die eigene Kraft wecken und den Glauben an eine bessere Zukunft aktivieren. Gleichzeitig wirken sie auch auf die häufig mit Angst auftretenden körperlichen Verspannungen. Als formelhafte Vorsätze eignen sich zum Beispiel:

„Ich bin vollkommen entspannt, fühle mich ruhig, gelassen und sicher, Angst weicht neuem Mut."
„Immerdar und jederzeit, Sicherheit und Geborgenheit, Kraft und Mut erfüllen mich, Angst vollkommen gleichgültig."
„An jedem Ort, zu jeder Zeit mutig, kräftig und völlig geborgen, ich gebe mich hin und lasse mich leiten, Angst wird vollkommen gleichgültig."

Im Einzelfall kann der Therapeut andere, individuell wirksamere Vorstellungen „verordnen". Wenn er zustimmt, ist bei Angstzuständen auch die „paradoxe Absicht" ohne autogenes Training sehr gut geeignet. Beim ersten Anzeichen der Angst nimmt man sich willentlich vor:

„Ich begrüße meine Angst – ich will, dass die Angst in mir immer mächtiger wird."

Dabei strengt man sich mit aller Kraft an, die Angst zu wollen – und erlebt gewöhnlich, wie sie in sich zusammenfällt, weil die Willensanstrengung alle Widerstandskräfte gegen das Ziel (die Angst) mobilisiert.

Konkrete Furcht vor Schmerzen, beispielsweise vor einer Operation oder einer zahnärztlichen Behandlung, lindern folgende Vorstellungen:

„Ich bleibe ruhig, gelassen und mutig, Schmerzen vollkommen gleichgültig."
„Ich bleibe vollkommen entspannt und ruhig, Angst vollkommen gleichgültig, Operation hilft mir und gelingt."

Die vor allem nachts auftretende Herzangst erfordert immer gründlichere ärztliche Untersuchung, weil sich dahinter häufig eine beginnende organische Herzkrankheit verbirgt. Dann ist medikamentöse Behandlung erforderlich. Den nächtlichen Anfall lindert man durch die verordneten Arzneimittel und/oder autogenes Training:

„Ich bin völlig ruhig und entspannt, Herz schlägt ruhig und regelmäßig, linke Brust vollkommen schmerzfrei, ich schlafe gleich tief und ruhig."
„Herz vollkommen ruhig und gleichgültig, Schlaf überkommt mich unwiderstehlich."

Die Formeln müssen unbedingt vorher mit dem behandelnden Arzt abgesprochen werden.

Angst und Depressionen treten oft gemeinsam auf. Ferner gehören zum Symptombild der Depression Schwermut, Niedergeschlagenheit, Lebensüberdruss bis hin zu Selbstmordgedanken, Pessimismus und Misstrauen sowie zahlreiche körperliche Beschwerden. Es gibt kaum eine Krankheit, hinter der sich nicht eine Depression verbergen könnte, oft so verschleiert, dass auch der erfahrene Therapeut erst nach längerer Zeit dahinter kommt, wenn sonst bewährte Heilverfahren versagen.

Es führte zu weit, auf die zahlreichen Ursachen und Erscheinungsformen der Depression näher einzugehen. Grundsätzlich unterscheidet man die endogene (von innen entstehende) Depression, bei der auch Erbanlagen eine Rolle spielen können, von der reaktiven exogenen (von außen entstehenden), die sich aus äußeren Ursachen wie Enttäuschung, Kummer, Tod eines Angehörigen und ähnlichen erklären lässt. Für den Leser ist nur von Bedeutung, dass alle andauernden, schweren und von Selbstmordgedanken begleiteten Depressionen unverzüglich fachärztlich oder vorübergehend auch klinisch behandelt werden müssen.

Autogenes Training hilft vor allem bei den leichteren depressiven Verstimmungen, die durch äußere Ursachen entstanden und unter denen wohl jeder ab und zu einmal leidet.

Immer sollte bei Depressionen unklarer Ursache auch durch eine gründliche Untersuchung ausgeschlossen werden, dass organische Ursachen vorliegen. Häufig weisen Depressionen nämlich auf Leberschäden hin, umgekehrt kann eine Depression auch erst eine Erkrankung der Leber auslösen.

Geeignete „antidepressive" Vorstellungen:

„Ich bin ruhig, entspannt und heiter, Leben ist lebenswert, geht immer weiter."

„Ich lebe mutig, frei und froh, das Leben ist mal so, mal so, niemals ist alles wirklich schlecht, mein Leben ist mir so ganz recht."

„Ich lebe glücklich und frei, ich schaffe alles, was ist schon dabei, mit Mut und Kraft und Heiterkeit komme ich im Leben weit."

„Mitmenschen sind manchmal ungerecht, aber nie ist einer immer nur schlecht, drum ist das Leben lebenswert, mit Mut und Freude am besten man fährt."

Hilfe bei psychosomatischen Krankheiten

Die psychosomatische Medizin geht zu Recht davon aus, dass Leib und Seele eine Ganzheit bilden, seelische (psychische) Störungen sich also auch auf den Körper (somatisch) auswirken. Für eine Reihe von Krankheiten stehen solche Zusammenhänge heute sicher fest, man denke an Magen- sowie Zwölffingerdarmgeschwüre, Bronchialasthma, nervöse Herzbeschwerden, Störungen während der Monatsblutung und im Klimakterium, Bluthochdruck, aber auch Wetterfühligkeit, Allergien und manche Hautleiden. Inzwischen erhärten Forschungen den Verdacht, dass auch Herzinfarkt, Krebs und manche anderen Krankheiten gleichfalls durch seelische Ursachen begünstigt werden.

Es ist unmöglich, alle denkbaren psychosomatischen Krankheiten hier auch nur aufzuführen. Wahrscheinlich kann so gut wie jede Krankheit mit durch seelische Störungen verursacht werden. Dafür spricht, dass heute bereits rund 60 % aller Patienten, die zum Arzt kommen, unter derartigen Funktionsstörungen leiden, ohne dass sich eine krankhafte organische Veränderung nachweisen lässt. Sie leiden meist ebenso wie organisch Kranke, so dass man ihnen trotz fehlender Befunde nicht unterstellen darf, sie seien nur Simulanten.

Die häufigsten, möglicherweise psychosomatischen Erkrankungen sollen hier mit entsprechenden Vorsatzformeln vorgestellt werden. Ehe man aber von einer psychosomatischen Krankheit spricht, muss durch ärztliche Untersuchung unbedingt eine organische Erkrankung ausgeschlossen werden. In unklaren Fällen bespricht man die geeigneten Vorstellungen im autogenen Training stets mit dem Therapeuten. Psychosomatische Erkrankungen der Verdauungsorgane und Herzbeschwerden wurden bereits in anderem Zusammenhang weiter vorne abgehandelt.

Bluthochdruck und Infarktvorbeugung

Zu hoher Blutdruck kann durch organische Krankheiten, etwa Nierenleiden, aber auch aus seelischer Ursache entstehen. Häufig wirken mehrere Faktoren zusammen, etwa dauernde seelische Belastungen, beruflicher Stress, Nikotinmissbrauch, Bewegungsmangel und Übergewicht.

Die gefürchtetsten Folgen der Hypertonie sind Herzinfarkt und Schlaganfall, obwohl zu ihrer Entstehung natürlich auch noch andere Faktoren beitragen. Auch die Arterienverkalkung wird durch Bluthochdruck begünstigt, umgekehrt lassen die verhärteten und verengten Gefäße den Bluthochdruck weiter ansteigen. Mit Sicherheit verkürzt unbehandelter Bluthochdruck, gleich welcher Ursache, die Lebenserwartung deutlich. Das Messen des Blutdrucks gehört deshalb in der Praxis zur Routine. Wer gefährdet ist, kann seinen Blutdruck auch daheim regelmäßig messen und die Ergebnisse von Zeit zu Zeit dem Arzt zur Beurteilung vorlegen.

Hypertoniker stehen häufig unter hohem seelischem Druck, leiden unter Minderwertigkeitsgefühlen und unterdrückten Aggressionen, die zur Verkrampfung ihrer Gefäße führen. Deshalb genügen oft schon die

Übungen der Unterstufe des autogenen Trainings, um den Blutdruck zu normalisieren, da sich mit der Generalisierung von Schwere und Wärme aus dem Arm alle Gefäße entspannen. Gezielte Vorsätze gegen die seelischen Ursachen, etwa die Ruhevorsätze, können den Blutdruck zusätzlich regulieren. Schließlich darf man Nikotin- und Alkoholverzicht, Reduktionskost bei Übergewicht, weitgehenden Verzicht auf Salz, regelmäßige, ausreichende Bewegung und medikamentöse Therapie organischer Ursachen nicht vergessen.

Als Formeln bewährten sich beim autogenen Training zum Beispiel:

„An jedem Ort, zu jeder Zeit, bei jeder Gelegenheit bewahr ich Ruhe, Sicherheit und Gelassenheit, bleibe vollkommen gelöst und entspannt und behaupte mich mit kühlem, klarem Kopf."
„Zu anderen Menschen gelassen und frei, Angst und Hemmungen ganz einerlei, nichts kann mich in Wut versetzen, lasse mich von keinem hetzen."
„Ich bin und bleibe ruhig und gelassen und kann den Mitmenschen nicht hassen, mein Recht vertret ich sicher und frei, Angst und Wut ganz einerlei."
„Ich bin vollkommen ruhig, gelassen und sicher, Stirn angenehm kühl, Kopf leicht und frei, gegenüber anderen entspannt und natürlich, Hemmungen und Aggressionen völlig gleichgültig."

Formeln dieser Art eignen sich auch zur Infarktvorbeugung oder unterstützen die Nachbehandlung. Wer einen Infarkt überstanden hat, kann zukünftig auf autogenes Training nicht verzichten, denn er muss seine gewohnte Lebensweise und seine krank machenden Einstellungen und Verhaltensweisen meist grundlegend verändern. Darum fehlt autogenes Training auch in kaum einem Nachsorgeprogramm der Kurkliniken, ergänzt durch vollwertige Ernährung und Bewegung, die dem individuellen Leistungsvermögen angepasst ist.

Formeln zur Selbstbeeinflussung bei Infarktgefährdung oder für die Nachbehandlung sollten stets mit dem Arzt besprochen werden, damit das kranke Herz nicht in unerwarteter Weise reagiert. Nur die oben genannten Ruhevorsätze dürfen auch zur Selbstbehandlung angewendet werden. Daneben gibt es zahlreiche weitere, sehr wirksame Formulierungen, die dem Einzelfall angepasst sind, also die individuelle Situation des Patienten berücksichtigen.

Bronchialasthma

Asthma bronchiale wird durch Überempfindlichkeitsreaktionen (Allergien) und seelische Vorgänge verursacht. Die Patienten können auf alles allergisch reagieren, zum Beispiel Hausstaub, Schimmelpilze, Blütenpollen, Bettfedern oder Haustiere. Oft bestanden schon in Kindheit und Jugend andere allergische Erkrankungen, wie Heuschnupfen oder Hautekzeme. Im Laufe der Zeit „lernen" die Kranken oft, auch ohne Einwirkung solcher Allergene, aus seelischer Ursache mit einem Asthmaanfall zu reagieren. Deshalb und wegen der zahlreichen möglichen Allergene gelingt es oft nicht, die Patienten zu desensibilisieren, also gegen die Allergene stufenweise unempfindlich zu machen.

Der Krampf der Bronchialmuskulatur, der dem Asthmaanfall zugrunde liegt, behindert die Ausatmung sehr stark. Der Patient „pumpt" immer mehr Luft in die Lungen, anstatt tief auszuatmen, bis ein noch tieferes Einatmen unmöglich geworden ist. Der daraus resultierende Lufthunger kann sehr quälend sein. Das krampfhafte Einatmen wird deutlich als Ziehen vernommen, die Ausatmung häufig von lautem Pfeifen begleitet. Im „Status asthmaticus" kann der Sauerstoffmangel lebensgefährlich werden.

Nach Jahren entwickelt sich aus dem Asthma die chronische Lungenblähung (Emphysem), andere ernste Schäden an Lungen, Herz-Kreislauf-System und anderen inneren Organen folgen, die schließlich zum vorzeitigen Tod führen. Deshalb ist es ungemein wichtig, Allergien im Kindesalter als mögliche Vorläufer des Asthmas konsequent zu behandeln und – wenn es trotzdem zum Bronchialasthma kommt – frühzeitig mit der gezielten Therapie zu beginnen. Die Behandlung erfordert immer fachmännische Verlaufskontrolle, autogenes Training kann sie sehr wirksam unterstützten, denn es normalisiert schon auf der Unterstufe den Atemrhythmus. Darüber hinaus werden bei der Selbstbeeinflussung positive bildhafte Vorstellungen wirksam, die man am besten vorher mit dem Therapeuten bespricht. Die folgenden formelhaften Vorsätze haben sich in der eigenen Praxis gut zur Asthmatherapie bewährt. Sie wirken entspannend, seelisch stabilisierend und fördern den natürlichen Rhythmus der Atmung. Jede Vorstellung, die diese Voraussetzungen erfüllt, kann dem Asthmatiker helfen.

„An jedem Ort, zu jeder Zeit Ruhe und Gelassenheit, Atmung vollkommen gleichgültig, es atmet mich."
„Immerdar und überall atme ich auf jeden Fall regelmäßig, ruhig, gelassen, es atmet mich."
„Ich bin völlig ruhig, gelassen und frei, fühle mich mutig, sicher und geborgen, ich lasse es atmen ganz ohne Sorgen, was immer mir auch widerfahren sei."

Allergien und Hautleiden

Als Allergie bezeichnet man jede Reaktion des Körpers auf zahlreiche natürliche und chemische Stoffe, die vom Gesunden reaktionslos vertragen werden. Zu den möglichen Allergie auslösenden Stoffen (Allergenen) gehören unter anderem Staub, Tierhaare und -federn, Graspollen, Duft- und Aromastoffe, Metalle, viele Chemikalien, aber auch Sonnen- und Wärmestrahlen, ja sogar der bloße Druck auf die Haut: Man kann auf alles allergisch reagieren.

Neben dem bereits besprochenen Asthma rufen allergische Reaktionen auch viele andere Symptome hervor, zum Beispiel Hautrötung, Blasen und Schwellungen, Kopfschmerz, Heuschnupfen, aber auch lebensgefährliche Atemnot durch Kehlkopfschwellung oder Blutdruckabfall (Schock).

Auf die einzelnen allergischen Symptome soll nicht näher eingegangen werden. Die Behandlung bleibt stets dem Fachmann vorbehalten, der bei

bekannter Ursache zu desensibilisieren versucht, also die Überempfind-
lichkeit schrittweise abbaut, in anderen Fällen die Symptome der Krankheit durch Arzneimittel lindert.

Die Grundübungen des autogenen Trainings können die Allergie-
behandlungen wirksam unterstützen, manchmal auch ohne zusätzliche
Medikamente eine Allergie ausheilen. Das erklärt sich aus der wichtigen
Rolle, die das durch autogenes Training günstig beeinflusste vegetative
Nervensystem bei allergischen Reaktionen spielt. Die gezielten Vorstellungen zur Selbstbeeinflussung richten sich nach den Symptomen und
sind dann angezeigt, wenn die Unterstufe des autogenen Trainings allein
zur Therapie nicht genügt.

Gegen Heuschnupfen, aber auch bei nervösem Schnupfen aus seelischer
Ursache, kann die folgende Formel angewendet werden:

*„Ich bin vollkommen ruhig und gelassen, Stirn angenehm kühl, Kopf ganz
frei, Nase durchgängig und frei."*

Allergische Hauterscheinungen gehen oft mit heftigem Juckreiz einher.
Das gilt aber auch für viele andere Hautleiden. Sie können seelisch mit
verursacht werden, denn oft spiegelt die Haut den Zustand der Seele
wider. Versuchsweise kann man alle Hautleiden zusätzlich zur fachmän-
nischen Verlaufskontrolle wie folgt beeinflussen:

*„Ich bin vollkommen ruhig und gelassen, Haut angenehm kühl und frei,
Jucken (Brennen o. Ä.) völlig gleichgültig."*
*„Gesicht (o. a. kranke Hautzone) angenehm kühl und blass, Juckreiz
vollkommen gleichgültig, Rötung (Schwellung, Blasen o. Ä.) verschwinden
völlig."*

Gegen manche Warzen hat sich die Selbstbeeinflussung ebenfalls ausgezeichnet bewährt, ohne dass man diese Wirkung heute schon erklären
könnte. Geeignet sind zum Beispiel folgende Formeln:

„Warze angenehm kühl und blass, verschwindet in einer Woche vollkommen."
„Warze vollkommen gleichgültig, verschwindet vollständig."

Diese Selbstbeeinflussung, im Grunde nichts anderes als das früher übliche „Besprechen" der Warzen, hilft zwar nicht immer, vor medikamentöser Behandlung oder chirurgischer Entfernung der Warze ist ein solcher unschädlicher Versuch aber immer angezeigt.

Wetterfühligkeit

Auch die verbreiteten Wetterkrankheiten stehen mit den Funktionen des vegetativen Nervensystems in Zusammenhang. Zwar wird jeder Organismus durch Veränderungen von Luftdruck, -feuchtigkeit, -elektrizität und Temperatur beeinflusst, aber nur der geschwächte, vegetativ labile und alternde reagiert darauf so deutlich, dass man in diesen Fällen von Wetterkrankheiten sprechen kann.

Ursprünglich gehörte die Wetterfühligkeit sogar zu den Überlebenssystemen des Frühmenschen, der noch nicht in festen Behausungen wohnte, sich also sehr frühzeitig auf Wetterveränderungen einstellen musste. Heute hat sie für den Menschen jede praktische Bedeutung verloren und sich normalerweise so weit zurückgebildet, dass ihr Auftreten als Warnzeichen für körperliche Störungen verstanden werden muss.

Wer zur Wetterfühligkeit mit Herz-Kreislauf- und Schlafstörungen, Depressionen, Arbeitsunlust und ähnlichen Symptomen neigt, sollte sich stets gründlich untersuchen lassen. Dahinter verbergen sich oft beginnende Krankheiten. Zusätzlich wird Abhärtung durch Bewegung im Freien, Kneipp'sche Wasserkur und regelmäßiges autogenes Training empfohlen. In der Regel wirken schon die Grundübungen im Laufe der Zeit so stabilisierend auf Nerven und Psyche, dass die Wetterempfindlichkeit deutlich nachlässt. Die einzelnen Symptome können auch gezielt durch Vorsatzformeln beeinflusst werden, wie wir sie bereits bei den verschiedenen Krankheiten nannten. Manchmal hilft auch die Indifferenzformel, zum Beispiel:

„Ich bin vollkommen ruhig, mutig und froh, Arbeit gelingt, Schlaf ungestört, Wetter vollkommen gleichgültig."

Menstruationsbeschwerden und Wechseljahre

Fast jede Frau leidet während der Monatsblutung unter leichten Beschwerden, vor allem Kopfschmerzen. Solange sie dadurch nicht in ihrer gewohnten Lebensweise beeinträchtigt wird, bedürfen sie keiner Behandlung. Durch die Übungen der Unterstufe des autogenen Trainings werden diese harmlosen Begleiterscheinungen oft überraschend günstig beeinflusst, zusätzlich kann eine Vorsatzformel wie

„Ich bin vollkommen ruhig und entspannt, Stirn angenehm kühl, Kopf leicht und frei, Menstruation ganz schmerzfrei (oder gleichgültig)"

helfen. Stärkere Schmerzen und Beschwerden anderer Art während der Menstruation erfordern dagegen immer vorsorglich gründliche fachärztliche Untersuchung.

Vorbereitung auf Schwangerschaft und Geburt

Forschungsarbeiten aus neuerer Zeit ergaben zweifelsfrei, dass das spätere Schicksal eines Menschen nicht erst durch die Einflüsse nach der Geburt, sondern schon während der Schwangerschaft mit beeinflusst wird. Demnach kann die Art, wie eine Frau auf die Schwangerschaft reagiert, das Kind im Mutterleib körperlich wie seelisch fördern oder hemmen. Daher ist es berechtigt, sich nicht nur auf die Geburt, sondern bereits auf die Schwangerschaft vorzubereiten. Autogenes Training kann dazu viel beitragen und sollte spätestens nach der Eheschließung in Erwartung einer zukünftigen Schwangerschaft regelmäßig angewendet werden.

111

Allein die Unterstufe des autogenen Trainings, die alle Körperfunktionen und das Seelenleben harmonisiert, genügt oft schon, um günstige Voraussetzungen für eine Schwangerschaft zu schaffen. Gehen die zukünftigen Eltern daran, den Wunsch nach einem Kind „in die Tat" umzusetzen, empfiehlt sich zusätzlich eine Vorstellung wie:

„Ich nehme mein Kind an mit Liebe und Freude, Schwangerschaft macht glücklich."

Dieser Vorsatz erspart der Schwangeren viele unangenehme Beschwerden und sollte als „Basisformel" während der gesamten Schwangerschaft immer wiederholt werden.

Auch zur Vorbereitung der schmerzfreien Geburt ist autogenes Training neben Schwangerschaftsgymnastik unentbehrlich. Wenn die Schwangere gelernt hat, sich auf Kommando zu entspannen, wird sie die Geburt ohne Betäubungsmittel bewusst erleben und ungleich weniger als die nicht vorbereitete Gebärende leiden. Außerdem berichten viele Fachärzte, dass autogenes Training die Geburtszeit wesentlich abkürzt. Deshalb fehlt das Training heute in der Geburtsvorbereitung der Kliniken kaum mehr.

Wenn der die Schwangere betreuende Arzt oder die Hebamme keine andere Formulierung „verordnen", empfiehlt sich zur Geburtsvorbereitung die Vorstellung:

„Ich erwarte mein Kind entspannt, ruhig und gelöst und nehme es an mit Liebe, Geburt macht glücklich."

Die Hilfe, die autogenes Training während der Schwangerschaft und Geburt bietet, kann auch das spätere Verhältnis von Mutter und Kindern oft sehr günstig beeinflussen. Der angehende Vater kann die Schwangere unterstützen, indem er gemeinsam mit ihr autogenes Training durchführt und sich durch ähnliche Vorstellungen ebenfalls auf den neuen Lebensabschnitt der Familie vorbereitet.

Andere Anwendungsgebiete

Da autogenes Training beinahe universal anwendbar ist, können die zahlreichen individuellen Möglichkeiten, die das Training Gesunden wie Kranken bietet, nicht detailliert aufgezählt werden. Sie sind so vielfältig wie die Wünsche, Hoffnungen und Bedürfnisse der Menschen. Bildhafte positive Vorstellungen zur Selbstbeeinflussung sind ein Weg, um Hindernisse zu überwinden, die unseren persönlichen Zielen entgegenstehen – vorausgesetzt, diese Ziele liegen im Rahmen unserer Fähigkeiten. Wohl jeder Leser wird hier zahlreiche, ganz persönliche Anwendungsmöglichkeiten finden.

Ehe man andere, hier nicht genannte Krankheiten durch autogenes Training beeinflusst, ist die gründliche Untersuchung durch den Therapeuten erforderlich. Die Kraft positiver Vorstellungen kann nämlich missbraucht werden, wenn man damit Symptome für einige Zeit verdeckt, die Ursachen aber nicht ausgeheilt werden. Andererseits lindert autogenes Training durch seine Wirkung auf Gefäßregulation und vegetatives Nervensystem, zwei wichtige Abwehrsysteme des Körpers, keineswegs nur Krankheitszeichen, sondern regt auch die Selbstheilungskräfte an. Aber nur der Fachmann kann beurteilen, ob das genügt oder ob zusätzliche andere Therapiemethoden erforderlich sind.

Hier soll noch auf ein sehr wichtiges Anwendungsgebiet des autogenen Trainings eingegangen werden, das wir bisher nur anschnitten: Linderung von Schmerzen. Der Schmerz gehört zu den allgemeinen Erfahrungen aller höheren Lebewesen und warnt vor Krankheiten oder Verletzungen. Darüber hinaus wird er aber durch seelische Faktoren mitbestimmt. Deshalb empfinden verschiedene Menschen den gleichen Schmerz sehr unterschiedlich.

Es gibt viele Facetten des Rätsels Schmerz, um deren Aufklärung sich weltweit Mediziner, Psychologen und Pharmakologen bemühen – bisher ohne ein wirklich zufrieden stellendes Ergebnis. An dieser Stelle erübrigt sich eine Diskussion der verschiedenen Forschungsergebnisse. Wichtig ist nur die Frage, ob und wie Schmerzen durch autogenes Training zu lindern sind.

Schon die Beherrschung der Unterstufe des autogenen Trainings allein führt durch Entspannung zur Schmerzlinderung. Reicht diese nicht aus, wendet man zusätzlich gezielte Vorsatzformeln an. Es ist fast immer möglich, auf diese Weise ohne Schmerztabletten den Schmerz wenigstens so lange erträglich zu machen, bis der Arzt die Ursachen diagnostizieren und behandeln kann. Nicht oft genug kann davor gewarnt werden, sich mit der bloßen Schmerzlinderung zu begnügen.

Im Einzelfall kann autogenes Training zwar auch die Ursachen beseitigen, zum Beispiel beim nervösen Kopfschmerz durch Gefäßkrämpfe, in vielen Fällen aber nur die Schmerzempfindung lindern, ohne auf den Auslöser Einfluss zu nehmen. Wer unter einem schmerzhaften Furunkel leidet, kann den Schmerz durch autogenes Training weitgehend abschalten, indem er beispielsweise die Indifferenzformel anwendet. Die Eiterung selbst muss aber auf andere Weise behandelt werden. Gleiches gilt für viele andere organisch verursachte Schmerzen, man denke an Zahnwurzeleiterungen, eingeklemmte Nieren- oder Gallensteine und Ähnliches.

Die schmerzlindernde Wirkung erklärt sich daraus, dass der Nervenreiz im Gehirn auf zwei Bahnen aufgeteilt wird. Die eine leitet die Erregung zur Großhirnrinde und führt etwa zu der Feststellung: Ich spüre im Kopf einen dumpfen Reiz. Die zweite führt zur Schaltstelle für Gefühle (Thalamuskerne) und vermittelt das Gefühl: Mein Kopf tut so weh. Diese zweite Empfindung, die den Patienten sehr quälen kann, wird durch autogenes Training ebenso wie durch Hypnose so beeinflusst, dass man nur noch den Reiz, aber kein „Wehgefühl" mehr spürt.

Erfahrungsgemäß lindert die Vorstellung der Kühle äußere, der Wärmevorsatz dagegen innere Schmerzen. Einige Formeln zur Schmerzlinderung lernten wir bereits bei Kopfschmerzen und Verdauungsstörungen (Gallenkolik) kennen. Gegen die häufig auftretenden rheumatischen Schmerzen in Muskeln und Gelenken, die teilweise dauernd bestehen, empfehlen sich Vorstellungen wie:

„Ich bin vollkommen ruhig und gelassen, Gelenke (Schulter, Ellbogen, Knie usw.) angenehm warm und beweglich, Schmerz vollkommen gleichgültig."
„Ich bin vollkommen gelöst und entspannt, Rücken (Kreuz) strömend warm und schmerzfrei."

Bei Verrenkungen, Verstauchungen, Zerrungen und Knochenbrüchen kann autogenes Training nicht allein den Schmerz lindern, sondern auch die Heilung unterstützen. Die bessere Durchblutung durch die Wärmevorstellung beseitigt Schwellungen und Stauungen und unterstützt den Heilungsprozess. Die Formeln richten sich nach dem Ort der Verletzung, zum Beispiel:

„Ich bin vollkommen ruhig und gelassen, Schulter (Knöchel usw.) strömend warm, Schmerz vollkommen gleichgültig."
„In bin ruhig, gelassen und entspannt, Bruchstelle wohltuend strömend warm, Schmerz vollkommen gleichgültig."

Gegen Zahnschmerzen hilft bis zum baldigen Besuch beim Zahnarzt die Vorstellung von Kühle im Ober- und Unterkiefer, je nachdem, wo der kranke Zahn sitzt, also:

„Ich bin vollkommen ruhig und fühle mich sehr wohl, Ober(Unter-)kiefer angenehm kühl, Schmerz vollkommen gleichgültig."

Die Oberstufe des autogenen Trainings

Vielen, die autogenes Training üben, genügt die Unterstufe des autogenen Trainings mit der Möglichkeit zur positiven Selbstbeeinflussung, die viele Chancen bietet. Durch regelmäßiges, möglichst lebenslanges Training können sie dadurch sehr viel zur Gesundheitsvorsorge und „seelischen Hygiene" beitragen und ihr Leben oft von Grund auf positiv verändern.

Während die Unterstufe aber zu den „zudeckenden" psychotherapeutischen Heilmethoden gehört, lernt der Fortgeschrittene mit der Oberstufe die „aufdeckende" Selbsterkenntnis kennen. Sie unterscheidet sich im Prinzip von der Tiefenanalyse des Therapeuten vor allem dadurch, dass der Übende seine Einsichten völlig unabhängig erarbeitet. Das kann von Vorteil sein, weil wir eigene Erkenntnisse eher als die von Fremden vermittelten voll akzeptieren.

In manchen Fällen dauert es aber recht lange, ehe seelische „Sperren" überwunden sind. Man darf nicht vergessen, dass der seelisch kranke Mensch seine schlechten Erfahrungen und Enttäuschungen ja nur deshalb verdrängt, weil er den damit verbundenen Schmerz und die Angst nicht ertragen kann, andererseits diese Erlebnisse aber auch nicht sinnvoll verarbeitet hat. Teile seiner Persönlichkeit werden sich deshalb gegen die Aufhellung erbittert zur Wehr setzen.

Jeder neue Lern- und Reifungsprozess ruft zunächst Auflehnung und Widerstand hervor. Konsequentes Training wird in der Regel diesen natürlichen Widerstand überwinden können. Wer das Gefühl hat, dass er allein nicht mehr weiterkommt, sollte in diesen kritischen Phasen der Oberstufe des autogenen Trainings offen mit seinem Therapeuten über die Probleme sprechen. Noch besser ist es, wenn man die Oberstufe in einem Kurs unter fachmännischer Anleitung erlernt.

Verkürzung der Grundübungen

Grundvoraussetzung für den Übergang zur Oberstufe des autogenen Trainings ist, dass die Übungszustände der Unterstufe vollständig und binnen einer Minute durch die stark abgekürzte Vorstellung verwirklicht werden.

„Ruhe – Schwere – Wärme. Herz und Atmung ganz ruhig. Sonnengeflecht (Bauch, Magen) strömend warm. Stirn angenehm kühl."

Für die Oberstufe empfiehlt es sich, gleich zu Beginn des Trainings nach dem Vorbild traditioneller anderer Meditationsmethoden den Blick nach innen oben zu richten. Das fördert erfahrungsgemäß die Konzentration. Wer dabei Missempfindungen an den Augen spürt, fixiert besser die Nasenspitze. Treten auch dabei unangenehme Gefühle auf, verzichtet man besser ganz auf diese Hilfe. Allerdings sollte man die aufgetretenen Symptome dann zum Anlass nehmen, bei nächster Gelegenheit den Augenarzt aufzusuchen. Es könnte sich dahinter eine Sehstörung oder Augenkrankheit verbergen.

Die verkürzte Grundübung erzeugt in den meisten Fällen das Gefühl, als wäre der Körper eine schwere, warme Masse, auf dem der Kopf als angenehm kühle Kugel sitzt. Diese Empfindung signalisiert, dass keine Spannungen mehr bestehen und mit der ersten Oberstufenübung begonnen werden kann.

Das folgende Übungsschema muss nicht so exakt wie die Reihenfolge der Unterstufe eingehalten werden. Je nach Absichten wird der Übende individuell die eine oder andere Übung bevorzugen. Die Vorstellung von Bildern und Farben als erste Oberstufenübung wird aber immer durchgeführt, denn sie schafft die Grundlagen für alle anderen Übungen.

Auch nach beendetem Oberstufentraining darf man die Zurücknahme nicht vergessen. Die Formel dazu weicht von der bisher üblichen der Unterstufe etwas ab. Wir lernen sie im nächsten Kapitel kennen.

Vorstellung von Bildern und Farben

Nur vordergründig geht es bei dieser ersten Übung darum, beliebige Bilder und Farben vor dem inneren Auge zu entwickeln. Richtig durchgeführt, vermittelt sie nämlich bildhafte Vorstellungen, hinter denen sich symbolisch unbewusste innere Einstellungen verbergen. Der Ablauf der Übung geht auf das „Katathyme Bilderleben" zurück, eine Tagtraumtechnik, die der Göttinger Psychiater H. Leuner zur Therapie seelisch kranker Menschen entwickelte.

Das erste Bild, das man sich bei dieser Übung vorstellt, ist eine grüne Wiese. Man malt sie sich in allen Einzelheiten vor dem geistigen Auge aus, mit Menschen und Tieren, Umzäunung, Jahreszeit, Wetter und anderen Details. Sobald alle diese Einzelheiten vor dem inneren Auge ganz farbig sichtbar sind, geht man in der Vorstellung über diese Wiese zu einem Bach, stellt sich vor, dass man darin badet und ihm danach bis zu seiner Quelle folgt.

Diese Vorstellungen haben einen starken „Aufforderungscharakter". Das bedeutet, der Übende projiziert in diese Bilder seine eigenen Lebensprobleme. Wenn die Wiese von einem unüberwindlich hohen Zaun umgeben ist, ein wütender Stier den Übenden in der Vorstellung über die Wiese jagt oder sich genau darüber ein Gewitter entlädt, dann verbergen sich hinter diesen symbolischen Erlebnissen, ähnlich wie hinter Träumen, ganz konkrete Aussagen zur eigenen Situation. Mit etwas Geduld gelingt es dem Übenden meist selbst, hinter den Symbolgehalt solcher Tagträume zu kommen und daraus wichtige Rückschlüsse für sein weiteres Leben zu ziehen. Nützlich kann es sein, wenn er sich auf die Oberstufe des autogenen Trainings dadurch vorbereitet, dass er sich eingehender mit den Methoden der Traumdeutung befasst. Dazu gibt es recht gute Bücher.

Wenn die Symbole überhaupt nicht deutbar erscheinen, dann sollte man fachmännische Hilfe in Anspruch nehmen.

Anstelle der Wiese kann man sich im weiteren Verlauf des Trainings auch ein Haus vorstellen, das man in der Vorstellung vom Keller bis zum

Dachboden durchstreift. Als „Lebensgebäude" lässt auch das Haus viele wertvolle, hinter Symbolen verschlüsselte Hinweise auf die eigene Situation erkennen.

Die Formel, mit der man die Vorstellung von Bildern und Farben einleitet, lautet:

„Ruhe – Schwere – Wärme.
Herz und Atmung ganz ruhig.
Sonnengeflecht (Bauch, Magen) strömend warm.
Stirn angenehm kühl.
Die Ruhe vertieft sich.
Vor meinem inneren Auge entsteht ein Bild.
Vor meinem inneren Auge entsteht ein Bild.
Vor meinem inneren Auge entsteht ein Bild.
Vor meinem inneren Auge entsteht ein Bild.
Vor meinem inneren Auge entsteht ein Bild.
Das Bild wird immer klarer und farbiger.
Das Bild wird immer klarer und farbiger.
Das Bild wird immer klarer und farbiger.
Das Bild wird immer klarer und farbiger.
Das Bild wird immer klarer und farbiger.
Das Bild steht jetzt ganz klar und farbig vor mir.
Das Bild steht jetzt ganz klar und farbig vor mir.
Das Bild steht jetzt ganz klar und farbig vor mir."

Mit dieser Vorstellung leitet man jede Übung der Oberstufe des autogenen Trainings ein, gleichgültig, was man sich danach vorstellt.

Die Zurücknahme erfolgt nach jeder Oberstufenübung konsequent nach der Formel:

„Die Bilder ziehen sich langsam zurück, die Farben verblassen.
Die Bilder werden immer undeutlicher.

Jetzt sind die Bilder ganz verschwunden.
Ich zähle von 1 bis 5, bei 5 bin ich vollkommen wach, fühle mich
sehr erholt und ganz wohl:
1 – Beine ganz leicht.
2 – Arme ganz leicht.
3 – Herz und Atmung normal.
4 – Stirn hat normale Temperatur.
5 – Arme strecken und beugen – tief atmen – Augen auf."

Gewöhnlich dauert diese Übung etwa 15 Minuten, zuweilen bleiben die Übenden aber auch viel länger in der Versenkung, das ist individuell verschieden. Eine Höchstdauer der Übung gibt es nicht, auch wer sich stundenlang auf die bildhaften Vorstellungen konzentriert, muss keinerlei unangenehme Nebenwirkungen befürchten.

Charakter- und Persönlichkeits- bildung

Schon die Unterstufe des autogenen Trainings ermöglicht eine gezielte Umerziehung von Charakter und Persönlichkeit. Dazu werden störende Verhaltensweisen überlegt und gezielt durch positive Vorsatzformeln verändert, wie wir es bereits aufzeigten.

In der Oberstufe des autogenen Trainings entwickelt man zu den abstrakten Werten, die man als Bestandteil der Persönlichkeit in sich aufnehmen möchte, möglichst plastische Bilder. Sie steigen aus dem Unterbewussten empor und weisen uns daher den individuell richtigen Weg sicherer, als jeder noch so wohlmeinende und sachverständige Außenstehende es könnte.

Diese Übungsgruppe der Oberstufe des autogenen Trainings beginnt zunächst mit der inneren Schau abstrakter Begriffe. Sie werden durch die intensive Vorstellung mit Sinn erfüllt. Welche Begriffe man wählt, hängt in erster Linie von der persönlichen Situation und den Absichten des Übenden ab.

Wer ständig in Zwiespalt mit sich selbst lebt, wird sich Werte wie Ruhe und Frieden vorstellen können, anderen hilft eher die Vorstellung von Gesundheit, Freude, Liebe, Glück, Toleranz oder Gerechtigkeit, der religiöse Mensch wird durch die Vorstellung von Glauben und Gnade Hilfe erfahren.

Die positiven Bilder, die man sich beim Üben vorstellt, wirken bei genügend langem Training im Alltag nach, erleichtern also die Verwirklichung der angestrebten Eigenschaften, die tief in der Persönlichkeit verankert werden.

Eine zweite Übung dieser Gruppe kann dem Unterbewusstsein konkret die Frage vorlegen: Wie kann und soll ich mich positiv verändern? Natürlich stellt man auch diese Frage nicht wörtlich, sondern entwickelt bildhafte Vorstellungen, die zum Beispiel auf folgende Probleme Antwort geben:

- Wie kann ich mich selbst annehmen?
- Wie kann ich so werden wie …?
- Wie sollte ich sein, wie soll ich werden?
- Wie soll ich mich ändern?

Symbolisch in Bildern verschlüsselt erteilt uns das Unterbewusstsein dazu individuell richtige Ratschläge. Ob wir sie befolgen, hängt allein von der persönlichen Entscheidung ab. Allerdings darf man nie übersehen, dass im Unterbewusstsein ein ungeheurer Erfahrungsschatz ruht und es sich mit seinen Antworten in der Regel nicht irrt.

Sinnlos ist es, die Botschaften aus dem Unterbewusstsein zu entschlüsseln – und sich damit zufrieden zu geben. Das nützt ebenso wenig wie die bloße Deutung von Träumen. Entscheidend kommt es darauf an, praktische Konsequenzen aus den gewonnenen Erkenntnissen zu ziehen, sonst ist die Übung umsonst.

Hilfe zur Selbstverwirklichung

Praktisch alle Übungen der Oberstufe des autogenen Trainings dienen der Selbstverwirklichung, denn sie zeigen dem Übenden, welche unbekannten Eigenschaften und Fähigkeiten in ihm schlummern und wie er sein Verhalten entsprechend seinem eigentlichen Wesen ändern kann, um ein erfüllteres, zufriedeneres Leben zu führen. Leider ist der Ruf nach Selbstverwirklichung in den letzten Jahren in den Verdacht geraten, eine Modeerscheinung zu sein. In Wirklichkeit trachtet aber jeder Mensch danach, lange bevor man das Wort überhaupt prägte. Lebensfreude, Glück und Zufriedenheit kann man auf Dauer nur erreichen, wenn man sich selbst mit allen Eigenarten und Fähigkeiten im Rahmen der durch die soziale Gemeinschaft gesetzten Grenzen verwirklicht.

Um tiefere Einblicke in sein eigentliches Leben zu gewinnen, steigt der Übende bei dieser Übung in die Tiefen des Meeres hinab. Er stellt sich das Eintauchen in die Tiefe ganz intensiv bildhaft vor und erlebt, wie er auf dem Meeresgrund Abenteuer zu bestehen und Gefahren zu überwinden hat. Genau betrachtet setzt er sich dabei mit den unbewussten Teilen seiner Persönlichkeit auseinander, die er entweder annimmt, bei der Expedition also als hilfreich, interessant oder angenehm erlebt, oder ablehnt, in der bildhaften Vorstellung also bekämpft. Solche negativen Seiten der Persönlichkeit treten bei der Wanderung über den Meeresgrund zum Beispiel als gefährliche Tiere, Monster und Ähnliches in Erscheinung.

Als hilfreich erweist sich die Vorstellung, dass man auf dieser Reise in die Unterwelt einen „Zauberstab" mitgenommen hat, der das Dunkel erhellt und vor allen Gefahren schützt.

Harmlose Begleiterscheinungen des Trainings

Autogenes Training beruht nicht nur auf Einbildung. Die Übungszustände, die man sich vorstellt, entsprechen tatsächlich Veränderungen der körperlichen und geistigen Funktion, die objektiv gemessen werden können. So verändert sich die Hirnaktions-Stromkurve (EEG) in typischer Weise, wenn die Umschaltung im vegetativen Nervensystem erreicht ist, an den Armen kann erhöhte Hauttemperatur und vermehrtes Gewicht gemessen werden.

Für den Anfänger des autogenen Trainings ist die autogene Versenkung noch ein ungewohnter Zustand. Deshalb erlebt er nicht selten harmlose, subjektiv aber vielleicht unangenehme Erscheinungen, die manchen schon zur Aufgabe des Trainings veranlassten. Abgesehen von den möglichen Begleiterscheinungen der Herzübung, die dort schon ausführlich besprochen wurden, besteht dazu aber kein Anlass. Die Erfahrung beweist, dass solche Erscheinungen mit zunehmender Übung immer seltener werden und beim Fortgeschrittenen kaum noch auftreten.

Treten nach beendetem Training Nebenwirkungen auf, muss man immer überprüfen, ob korrekt zurückgenommen wurde. Bei Bedarf ist die Zurücknahme, wie bereits beschrieben, zu wiederholen.

Eine Warnung noch, ehe die möglichen Begleiterscheinungen beschrieben werden. Wer nach der Lektüre dieses Kapitels beim ersten Versuch mit dem autogenen Training darauf wartet, ob und welche Nebenwirkungen auftreten werden, muss wahrscheinlich mit solchen Begleiterscheinungen rechnen. Seine Erwartung erfüllt sich. Wer aber trotz dieser notwendigen Hinweise auf Begleiterscheinungen gelassen mit dem Training beginnt und sich die Einstellung zu Eigen macht, dass Begleiterscheinungen vollkommen gleichgültig sind, wird sich durch harmloses Ziehen oder eine andere „Nebenwirkung" nicht aus der Ruhe bringen lassen.

Als Folge der ungewohnten Entspannung der Armmuskulatur berichten manche Schüler des autogenen Trainings bei der Schwereübung über Kribbeln, Ziehen, Zucken, Taubheitsgefühle oder eine zunächst leicht schmerzhafte Schwere im Arm. Zuweilen tritt auch das Gefühl auf, als wären die Finger geschwollen oder der Arm gehörte nicht mehr zum Körper. Dies alles sind normale Entspannungseffekte, die man nicht weiter beachten muss.

Zuweilen tritt die Armschwere zwar rasch ein, verschwindet dann aber während des Trainings wieder. Dahinter steht meist eine Verkrampfung, weil der Übende sich willentlich anstrengte oder zu lange trainierte. Auch dagegen kann nur das ganz konsequente Training helfen.

Bei der Wärmeübung erleben Anfänger zuweilen ein unangenehmes Kribbeln oder leicht schmerzhaftes Brennen im Arm. In manchen Fällen greift die Wärme auf den Kopf über. Da dies nicht erwünscht ist, stellt man sich in diesem Fall vor: „Wärme strömt zu den Beinen, Kopf ganz frei."

Anstelle der Wärme kann sich im Arm auch ein Kältegefühl einstellen. Meist deutet das auf willentliche Anstrengung hin, die zum Gegenteil führt. Geduldiges Training überwindet diese Anfangsschwierigkeit, bei Bedarf kann man sich auch einmal vorstellen: „Ich will, dass mein Arm angenehm kühl wird." Diese Hilfsformel eignet sich aber nur zur Überbrückung der Anfangsschwierigkeiten, denn Ziel des autogenen Trainings ist es, durch Wärmevorstellung tatsächlich Wärme im Arm zu erzeugen.

Über die verschiedenen Begleiterscheinungen der Herzübung wurde bereits im entsprechenden Kapitel berichtet. Es empfiehlt sich, unangenehme Beschwerden mit dem erfahrenen Fachmann zu besprechen. Meist kann die Herzübung unter seiner Anleitung doch erlernt werden, nur ausnahmsweise muss man darauf wirklich immer verzichten. Zuweilen hilft es, die Atemübung vorzuziehen und danach erst die Herzübung durchzuführen, das kann nur der Therapeut entscheiden.

Während der Atemübung kann sich das Gefühl einstellen, als ob sich der Körper mit dem Atemrhythmus hebt und senkt. Das ist ungewohnt, muss aber nicht unangenehm sein. Manche Anfänger des autogenen Trainings fühlen sich dabei „wie von sanften Wellen umspült".

Gelegentlich „vergessen" Schüler bei der Atemübung das Atmen und geraten kurz in Atemnot. Aber niemand muss befürchten, dass er erstickt. Je vertrauter man mit der Hingabe an den natürlichen Rhythmus der Atmung wird, desto problemloser läuft die Übung ab.

Während der Leibübung empfinden Ungeübte zuweilen Druckgefühle im Magen oder Übelkeit. Außerdem kann es durch Entkrampfung des Darms zu lautem Bauchgrimmen mit Abgang von Blähungen kommen. Teilnehmer von Gruppen ist das sehr peinlich, aber es gibt keine Möglichkeit, solche im Grunde erwünschten Reaktionen zu verhindern. Jeder Versuch, sich dagegen zu wehren, führt vielmehr zu neuen Krämpfen. Deshalb sollte sich jeder darauf einstellen und damit beruhigen, dass es den anderen in der Gruppe ebenso ergehen kann.

Wegen der besseren Durchblutung der Bauchorgane erleben manche Schüler vor allem bei der Leibübung Zustände sexueller Erregung, Männer zum Beispiel eine Erektion des Glieds, in seltenen Fällen auch einen unwillkürlichen Samenerguss (Ejakulation). Diese Begleiterscheinung lässt im Laufe der Zeit bei konsequentem Training ebenfalls nach und ist vollkommen natürlich.

Bei der Stirnübung treten anfangs unter Umständen Schwindelgefühle oder eine starke Müdigkeit auf. In solchen Fällen versucht man, die Formel der Stirnkühle abzuschwächen:

„Stirn angenehm, ein wenig kühl."

Um vorzeitiges Einschlafen zu verhindern, suggeriert man sich zu Beginn des autogenen Trainings mehrmals:

„Ich bleibe beim Üben frisch und munter."

Die bisher genannten Begleiterscheinungen des autogenen Trainings treten nicht nur bei den Übungen auf, unter denen sie angeführt sind, sie können sich auch ganz unregelmäßig bei jeder anderen Übung einstellen. Hinzu kommen bei allen Übungen Husten- sowie Niesreiz, Gähnen, Tränenfluss, vermehrte Speichelabsonderung oder auch Schluckzwang als mögliche Begleiterscheinung. Im Einzelfall kann die Indifferenzformel zu Trainingsbeginn nützlich sein:

„Gähnen (Niesen, Husten usw.) vollkommen gleichgültig."

Im Laufe der Zeit verschwinden aber all diese Begleiterscheinungen. Das gilt auch für die anderen Missempfindungen, die hier nicht mehr aufgezählt werden können.

Durch „Entladung" der Großhirnrinde treten im Verlauf des Trainings auch Sinnestäuschungen auf, die gleichfalls vollkommen harmlos sind. Sie wirken entlastend auf das zentrale Nervensystem, fördern also die Wirkung des autogenen Trainings.

Alternativen zum autogenen Training

Für die psychologische Selbsthilfe gilt ebenso wie bei fachlicher Psychotherapie, dass die angewendete Technik meist nicht so bedeutsam ist. Eine wesentlich wichtigere Rolle spielt die zuverlässige Anwendung und eine positive innere Einstellung. Eine Methode mag noch so gut sein. wenn man nicht davon überzeugt ist, innere Widerstände dagegen entwickelt, kann sie nie optimal wirken, ja sogar gänzlich versagen.

Autogenes Training bewährt sich seit vielen Jahrzehnten gut in der Praxis des Therapeuten und mehr noch zur Selbsthilfe. Trotzdem nützt es wenig, wenn man sich dazu „zwingt", obwohl man nicht voll damit übereinstimmt, Zweifel und Widerstände spürt. Ehe man sich dann über Wochen bis Monate quält, um schließlich entnervt die Flinte ins Korn zu werfen, sucht man besser eine Technik, die persönlich mehr zusagt.

Es erscheint immer sinnvoll, einen mit Autosuggestion und Entspannungstherapie erfahrenen Mediziner oder Psychotherapeuten zu befragen, sich zumindest aber durch einschlägige Literatur sachkundig zu machen. Vielleicht kann man gar einige „Schnupperkurse" belegen, um verschiedene Methoden kennen zu lernen. Danach kann man sich dann sicherer für die entscheiden, die individuell am meisten anspricht. Das erspart Enttäuschungen, die vor allem Anfänger demotivieren.

Im Rahmen dieses Buchs können Alternativen zum AT nicht so ausführlich vorgestellt werden, dass man danach selbstständig trainieren könnte. Wir beschreiben in dieser Übersicht kurz gängige Psychotechniken, die ähnlich wie AT wirken und individuell vielleicht mehr ansprechen. Nach dieser ersten Orientierung kann man sich dann über die eine oder andere Technik ausführlich informieren, um schließlich die persönlich richtige Entscheidung zu treffen.

Einfache Entspannungsübungen

Entspannung und Autosuggestion beruhen auf natürlichen seelisch-nervösen Vorgängen. Fast jeder Mensch verfügt über diese Fähigkeiten, grundsätzlich bedarf es also keiner speziellen Übungen dazu. Bei vielen geht diese natürliche Befähigung im Lauf des Lebens jedoch verloren, sie müssen deshalb erst wieder lernen, sich tief zu entspannen und positiv zu beeinflussen.

Systematisch aufgebaute Techniken wie AT oder progressive Relaxation eignen sich dazu besonders gut, weil sie das selbstständige Training begünstigen. Aber das gefällt nicht jedermann. Deshalb kann man zunächst auch eine „formlose" einfache Entspannung versuchen. Wirkt sie gut, bleibt man dabei, andernfalls sollte doch eine spezifische Technik bevorzugt werden.

Ein Beispiel soll veranschaulichen, wie eine solche Übung aufgebaut werden kann:

- Geübt wird immer im ruhigsten Raum der Wohnung; er wird gut temperiert, gedämpft ausgeleuchtet und so gut wie möglich gegen Geräuschquellen (wie Telefon, Türklingel) abgeschirmt.
- Vor dem Training lockert man beengende Kleidung und zieht die Schuhe aus.
- Zum Üben legt man sich auf das Bett oder eine geeignete andere Unterlage (wie Gymnastikmatte). Die Arme ruhen locker neben dem Körper, die Beine werden ausgestreckt, die Fußspitzen weisen leicht nach außen. Bei Missempfindungen zum Beispiel im Nacken, Rücken, Kreuz oder in den Knien polstert man die entsprechenden Körperpartien mit Kissen, Decken, Nacken- und Knierollen ab, bis man ganz bequem liegt.
- In dieser entspannenden Haltung schließt man die Augen und lässt die Gedanken frei strömen. Die Aufmerksamkeit konzentriert sich auf die Atmung, die einfach wahrgenommen, aber nicht willentlich beeinflusst wird.

Nach individuell unterschiedlich langer Zeit wird die Atmung tiefer und ruhiger, die Entspannung stellt sich allmählich deutlich ein.

■ Sobald die ersten Anzeichen der Entspannung spürbar werden, versucht man, sie durch Vorstellungen von Schwere und Wärme im Körper zu vertiefen. Das ähnelt dem AT, verwendet aber keine vorgegebenen Formeln; die Vorstellungen werden frei gewählt, jeder muss die individuell am besten geeignete Formulierung durch Versuche selbst herausfinden. Bewährt hat sich zum Beispiel die Vorstellung, dass der schwere Körper immer tiefer in die weiche, warme Unterlage einsinkt. Am besten experimentiert man zunächst mit einigen Formulierungen, bis die persönlich am besten geeignete gefunden ist. Diese behält man dann dauernd bei.

Anfangs fällt es den meisten Menschen schwer, solche Vorstellungen zu entwickeln und sich darauf zu konzentrieren. Erzwingen kann man das nicht, wenn die Gedanken abirren, kehrt man einfach konsequent zur Vorstellung zurück. Mit wachsender Therapieerfahrung gelingt die Konzentration auf die Vorstellungen aber immer leichter und länger.

■ Sobald die Vorstellungen die tiefe Entspannung bewirkt haben, bleibt man fünf bis zehn Minuten in diesem Zustand. Nicht selten wird man in guten Schlaf sinken, der meist besonders gut erholt, aber das ist keine Voraussetzung für die gute Wirkung. Man kann auch einfach ruhig daliegen, Gedanken und Atmung kommen und gehen lassen und das zunehmende Wohlbehagen genießen.

Die Übung endet wie beim AT durch Zurücknahme der Entspannung. Dazu dehnt, streckt und räkelt man sich ausgiebig, steht dann langsam auf und fühlt sich wieder völlig wach, frisch und erholt. Wenn vor dem Schlafengehen geübt wird, entfällt diese Zurücknahme natürlich; man bleibt in der Entspannung, bis sie automatisch in den Schlaf übergeht (das hilft auch bei Schlafstörungen).

Durch konsequentes Training ein- bis zweimal täglich beherrscht man die Übungen immer besser. Dann kann vor der Zurücknahme noch Autosuggestion geübt werden, zum Beispiel mit Coués Generalformeln oder individuellen Formulierungen. Geübten gelingt es fast überall, sich in Minutenschnelle tief zu entspannen und so gut wie nach mehreren Stunden Schlaf zu erholen.

Das obige Beispiel muss natürlich nicht genau befolgt werden. Ein Vorteil der einfachen Entspannungsübungen besteht ja gerade in der freien Gestaltung der Übungen. Die Beschreibung soll lediglich eine Art „Gerüst" bilden, mit dessen Hilfe das individuelle Training leichter entworfen werden kann.

Progressive Relaxation

Etwa um die gleiche Zeit, als Professor Schultz das autogene Training einführte, entwickelte der amerikanische Physiologe Edmund Jacobson die progressive Relaxation (= fortschreitende Entspannung). Während AT sich vor allem im deutschsprachigen Raum durchsetzte, fand Jacobsons Technik im angloamerikanischen Sprachraum ähnlich großes Interesse.

In ihren Wirkungen ähneln sich die beiden Methoden, es bleibt also grundsätzlich gleichgültig, mit welcher man übt. Der wichtigste methodische Unterschied besteht darin, dass bei der progressiven Relaxation die Entspannung nicht wie beim AT indirekt durch Vorstellungen herbeigeführt werden muss, sondern unmittelbar erlebt wird.

Nicht wenigen Menschen fällt es schwer, sich allein durch Vorstellungen zu entspannen, sich überhaupt Schwere, Wärme und andere Übungszustände vorzustellen. Sicher bessert sich das mit zunehmender Übung, aber gerade zu Anfang, wenn das noch nicht so gut gelingt, kommt es zu Misserfolgen, die Verunsicherung, Zweifel und Frustrationen hervorrufen. Mancher gibt deshalb das Training vorzeitig wieder auf.

Die progressive Relaxation beruht auf der theoretischen (mittlerweile gesicherten) Annahme, dass es eine Wechselbeziehung zwischen Seelenleben und dem Spannungszustand (Tonus) der Muskulatur gibt. Im AT nutzt man diese Zusammenhänge indirekt durch Vorstellungen, Jacobson hingegen versuchte die bewusste Entspannung der Muskulatur, die sich dann auf das Seelenleben ausbreitet. Das Prinzip dieser Methode ist einfach: Muskelpartien werden beim Training bewusst kurz kräftig angespannt und dann wieder gelockert. Mit dem Loslassen der bewussten Muskelspannung erlebt man Entspannung unmittelbar, mit zunehmender Übung immer deutlicher.

Die Übungen müssen stets unter fachlicher Anleitung erlernt werden, da falsche Durchführung die Muskelverspannungen verschlimmern oder gar erst erzeugen könnte. Das Trainingsprogramm besteht wie beim AT aus mehreren Übungen, die Schritt für Schritt zur tiefen Entspannung führen. Im Prinzip sind dazu die folgenden sechs Übungen notwendig:

- Entspannung der Arme,
- Entspannung der Beine,
- Lockerung der Atemmuskulatur mit Harmonisierung und Vertiefung der Atmung,
- Entspannung der Gesichtsmuskulatur,
- Entspannung der Augen,
- Entspannung der Kehlkopf(Sprech-)muskulatur.

Die Dauer der einzelnen Übungsschritte wird nicht wie beim AT (zwei Wochen für jede Übung) fest vorgegeben. Man trainiert, bis eine Übung gut beherrscht wird, und geht erst dann zur nächsten über. Wenn die Technik eingeübt wurde, kann man sie wie AT fast überall zur kurzen Tiefentspannung nutzen. In der tiefen Entspannung ist auch Autosuggestion wie beim AT möglich.

Für Fortgeschrittene kann das Trainingsprogramm erweitert werden (eine Art „Oberstufe" wie bei AT). Bewährt hat sich zum Beispiel die *differenzielle Entspannung*. Dabei spannt man die für eine bestimmte Aktivität notwendigen Muskelpartien an und lockert gleichzeitig die restliche Muskulatur. Darüber hinaus kann man erlernen, bewusst die durch seelische Einflüsse entstandenen muskulären Verspannungen (etwa durch schmerzhafte Verkrampfung der Rückenmuskulatur) wahrzunehmen und aufzulösen. Auf diese Weise gewinnt man auch mehr Selbstbeherrschung und kontrolliert indirekt den seelisch-nervösen Spannungszustand.

Da progressive Relaxation inzwischen auch bei uns auf mehr Interesse stößt, gibt es bereits Kurse (unter anderem an Volkshochschulen und bei einem Teil der Krankenkassen), in denen die Technik korrekt erlernt werden kann. Das anschließende selbstständige Training sollte möglichst lebenslang als praktische Lebenshilfe ein- bis zweimal täglich beibehalten werden. Das wird bald zur guten Gewohnheit, die man nicht mehr missen möchte.

Selbsthypnose

Die Hypnose gehört zu den ältesten Heilverfahren der Menschheit. Bereits im 4. Jahrtausend v. Chr. praktizierte man sie in Ägypten, später dann auch in Griechenland („Tempelschlaf" der griechischen Medizin). Die moderne Hypnose begann im 19. Jahrhundert hauptsächlich in Frankreich und breitete sich von dort her aus. Anfang des 20. Jahrhunderts geriet sie aber fast in Vergessenheit. Erst Mitte des 20. Jahrhunderts begannen amerikanische Therapeuten, die Hypnose wieder anzuwenden und vor allem genauer zu erforschen.

Inzwischen findet die Hypnosetherapie, oft kombiniert mit anderen Psychotherapien (wie Analyse, Verhaltenstherapie), auch bei uns wieder mehr Beachtung. Sie spricht vor allem jene Menschen an, denen AT und progressive Relaxation zu „kopflastig", asiatische Meditationstechniken wie Yoga aber zu „exotisch" erscheinen. Allerdings sind mit der Hypnose noch viele Vorurteile, falsche Vorstellungen und darauf basierende Ängste verbunden. Tatsächlich handelt es sich bei der modernen Hypnose aber um ein seriöses, wissenschaftlich fundiertes psychotherapeutisches Verfahren, das bei korrekter Durchführung sehr gut wirken kann.

Hypnose definiert man nach heutigem Kenntnisstand als „Zustand eingeschränkten Bewusstseins"; das entspricht ungefähr der Einschlafphase bei natürlichem Schlaf. Die Aufmerksamkeit wird stark eingeengt und konzentriert sich überwiegend auf die Suggestionen, das Unbewusste wird aufnahmefähiger für Vorstellungen, Vorsätze und Formeln. Dieser Zustand wird zwar auch bei tiefer Entspannung annähernd erreicht, nach praktischer Erfahrung wirken Suggestionen in der Hypnose aber oft rascher und nachhaltiger.

Hypnose bedeutet nach heutiger Auffassung wohl immer Selbsthypnose, auch wenn sie vom Therapeuten angewendet wird. Die Fremdsuggestionen werden nämlich zunächst von psychischen Kontrollinstanzen überprüft und erst dann angenommen, wenn sie nicht wesensfremd sind. Man verliert in der Hypnose also nie (wie oft befürchtet) den freien Willen, sondern bestimmt letztlich selbst, welchen Suggestionen im Alltag gefolgt wird.

Es lag nahe, spezielle Techniken zur Selbst(Auto-)hypnose zu entwickeln, die den Therapeuten überflüssig machen. Das darf jetzt aber nicht falsch verstanden werden: Ein so wirksames Verfahren wie die Hypnose erlernt man vorsorglich immer nach fachlicher Anleitung, entbehrlich werden bei der Autohypnose lediglich spezielle Suggestionen des Therapeuten. Im Idealfall absolviert man einleitend einige Hypnosesitzungen beim seriösen Fachmann, in denen die spätere erfolgreiche Selbsthypnose durch geeignete Suggestionen gleichsam „vorprogrammiert" wird. Das hilft besser als die bloße Einübung der Techniken, weil das Unbewusste von Anfang an mit in die Übungen einbezogen wird.

Es führte zu weit, hier die verschiedenen Techniken der Autohypnose ausführlicher vorzustellen. Eine praxisbewährte Methode prägt zum Beispiel in der Fremdhypnose ein, dass man sich künftig selbst in tiefe Trance versetzen kann, wenn bestimmte Voraussetzungen erfüllt werden (beispielsweise Zurückzählen von 10 bis 1). Der Therapeut verankert das suggestiv in einigen Hypnosesitzungen so fest im Unbewussten, dass derart vorbereitete Selbsthypnose später kaum noch scheitern kann.

Wenn die Autohypnose gut beherrscht wird, lässt sie sich wie andere Entspannungsmethoden auch noch zur gezielten Autosuggestion nutzen. Man versetzt sich dazu in Trance und prägt sich dann wie beim AT die notwendigen Formeln und Vorstellungen ein. Bei konsequentem Üben gehen diese schließlich im Alltag in Erfüllung.

Aber auch zur Selbsthypnose gilt, dass gute und rasche Ergebnisse nur zu erwarten sind, wenn man regelmäßig mindestens einmal am Tag übt. Nur unter dieser Voraussetzung kann die Selbsthypnose bei Bedarf jederzeit ohne lange Vorlaufphase praktisch eingesetzt werden.

Yoga – Meditation

Die Meditation ist mindestens ebenso lange wie Hypnose gebräuchlich. Vor 6000–7000 Jahren wurde sie vorwiegend im asiatischen Kulturkreis begründet, zum Beispiel Yoga und Zen. Die fremdartigen Weltanschauungen, die den Meditationsübungen zu Grunde liegen, kann der im westlichen Kulturkreis lebende Mensch nur schwer und fragmentarisch nachvollziehen. Aber gerade darin scheint der Reiz solcher Methoden zu bestehen. Die „Exotik" der asiatischen Meditation befriedigt urmenschliche Bedürfnisse nach transzendentalen Erfahrungen jenseits unserer von Verstand, Logik und Technik geprägten westlichen Welt.

Allerdings kennt auch der abendländische Kulturkreis die Meditation. Sie beginnt mit den antiken griechischen Philosophen Platon und Sokrates und setzt sich im Mittelalter fort mit den christlichen Mystikern und Philosophen, wie Augustinus und Meister Eckehart. Danach verlor die westliche Meditation rasch an Bedeutung. Erst in den 60er-Jahren des 20. Jahrhunderts wurde sie neu begründet, insbesondere durch den Jesuitenpater Enomiya-Lasalle, der Christentum und ZEN zu vereinen suchte, und Professor Karlfried Graf Dürckheim mit der „initiatischen Therapie". Diese Meditationsformen konnten sich aber nicht so recht gegen die reizvolleren asiatischen durchsetzen.

Im Prinzip gilt aber auch für die Meditation: Die Technik ist noch von entscheidender Bedeutung, vor allem muss man von der verwendeten Methode überzeugt sein und regelmäßig üben. Dann hilft praktisch jede Form der Meditation.

Was Meditation überhaupt bedeutet, lässt sich schwer definieren. Das lateinische Ursprungswort *meditari* bedeutet nachsinnen und üben, aber das hilft wenig weiter beim Verständnis. Auch die Beobachtung der äußeren Umstände und Wirkungen der Meditation erklärt nicht hinreichend, was bei den Übungen im einzelnen Menschen vorgeht; jeder erlebt „seine" Meditation individuell verschieden.

Als einfachste, zwangsläufig oberflächliche und unbefriedigende Erklärung des Phänomens Meditation kann man sich vielleicht darauf einigen: Durch konzentrierte meditative Selbstversenkung begibt man sich auf eine Reise in die Tiefen des Seelenlebens, um mehr Selbsterkenntnis, äußere und innere Harmonie zu gewinnen. Es bleibt aber beim Streben danach, die Reise geht nie zu Ende, der Weg bleibt das Ziel.

Einige interessante körperliche Reaktionen während der Meditation wurden wissenschaftlich genauer erforscht. Objektiv wies man vor allem nach:

■ Tiefe körperliche Entspannung, die häufig durch bestimmte Körperhaltungen begünstigt wird; für Europäer sind diese Haltungen zunächst eher unbequem und verspannen die Muskulatur, aber nach Gewöhnung gelingt die tiefe Entspannung damit besser.

■ Verringerung von Sauerstoffverbrauch, Ausatmung von Kohlendioxid, des Milchsäurespiegels im Blut und der Atemfrequenz; diese Wirkungen erklären sich aus den in tiefer Entspannung eingeschränkten Stoffwechselprozessen im Körper, beweisen also die entspannenden Effekte der Meditation.

■ Verminderte Schweißabsonderung und gleichzeitig erhöhter elektrischer Hautwiderstand, ein deutliches Zeichen für Entspannung, Ruhe und Erholung durch Umschaltungen im vegetativen Nervensystem.

■ Senkung des Blutdrucks durch Entspannung der Gefäße, die bereits vor der eigentlichen Meditation in der Vorbereitungsphase eintritt.

Im Gegensatz dazu können die seelisch-geistigen Wirkungen der Meditation längst nicht so genau und objektiv beschrieben werden. Aus den subjektiven Angaben der Meditierenden lassen sich die folgenden Hauptwirkungen ableiten:

■ Gefühl der inneren Harmonie mit Gelassenheit, Selbstsicherheit und der Gewissheit, fest und sicher in sich zu ruhen; häufig geht damit ein „gehobenes Lebensgefühl" einher.
■ Auffällige Klarheit des Denkens mit erhöhter Konzentrations- und geistiger Leistungsfähigkeit.
■ Bei längerem Training allmähliche Veränderungen von Einstellungen, Haltungen, Überzeugungen, Wertmaßstäben, Gewohnheiten, Absichten, Zielen und Wünschen; dadurch wird oft das gesamte weitere Leben von Grund auf neu orientiert.

Das „Abenteuer" der Meditation wird nicht ständig angenehm erlebt. Immer wieder fühlt man sich für einige Zeit verunsichert und ohne Orientierung, weil man das Ziel der „Reise" durch die Tiefen des Seelenlebens nicht erkennt. Auf diese Ungewissheit muss man sich einlassen, in der Krise reift die Persönlichkeit. Dazu benötigt man aber die Hilfe eines erfahrenen und seriösen Meditationslehrers (Guru). Selbstständig kann und soll Meditation nie erlernt werden. Selbst für Fortgeschrittene empfiehlt sich noch der Kontakt mit einem erfahrenen Berater.

Während die Autosuggestionen bei AT und anderen Entspannungstechniken gezielt gegen spezielle Probleme eingesetzt werden, verzichtet Meditation darauf, solche einzelnen Störungen zu beeinflussen. Sie wirkt universell auf Körper, Geist und Seelenleben und führt zu einer ganzheitlichen „Umstimmung", die alle Selbstheilungsregulationen anregt. Dadurch lassen sich viele Schwierigkeiten verändern, zum Beispiel Nervosität, Stressschäden und viele andere Folgen der naturfernen modernen Lebensweise.

Es gilt aber auch, einige Gegenanzeigen der Meditation zu beachten. Sie kann nicht helfen bei ernsteren seelisch-geistigen Störungen, vor allem schwere Depressionen, Zwangszuständen und Psychosen. Bei solchen psychischen Krankheiten lässt sich Meditation oder eine andere Technik zur psychologischen Selbsthilfe aber ohnehin nicht mehr durchführen.

Ein nicht zu vernachlässigendes Risiko der Meditation besteht bei manchen Menschen darin, dass sie mit Hilfe der Übungen aus einer scheinbar unerträglich gewordenen Realität zu flüchten versuchen. Sie missbrauchen die Meditation wie eine Droge, können regelrecht abhängig davon werden. Am Ende steht die Lebensuntüchtigkeit mit Untergang der bürgerlichen Existenz. Gerade das will und darf die Meditation aber nicht bewirken. Vielmehr besteht eine ihrer Absichten darin, die Bewältigung der Ansprüche des täglichen Lebens zu erleichtern. Man muss sich also vor einer Realitätsflucht hüten, bei Bedarf mit Hilfe des erfahrenen Meditationslehrers.

Wir kennen verschiedene Formen der Meditation. Wer nicht genau weiß, welche er bevorzugen sollte, informiert sich zunächst ausführlich durch einschlägige Literatur und besucht möglichst einige „Schnupperkurse". Danach fällt es leichter, sich endgültig für die individuell am besten geeignete Meditationstechnik zu entscheiden.

Yoga (auch Joga geschrieben) wurde im Westen am bekanntesten. Die Lehre stammt aus dem indischen Kulturkreis und wurde vor sechs bis sieben Jahrtausenden begründet. Das Wort Yoga stammt aus der altindischen Gelehrten- und Literatursprache Sanskrit und steht über eine indogermanische Sprachwurzel mit dem deutschen „Joch" in Beziehung. Am besten definiert man Yoga als eine „Anschirrung" oder „Anjochung" im Sinne der geistig-seelischen Selbstbeherrschung.

Die Yogalehre versteht den Menschen als eine Art Mikrokosmos, der mit allen anderen Formen des Seins in ständiger enger Wechselbeziehung steht und nach Harmonie mit allem Seienden strebt. Das oberste Ziel des

Yoga besteht in der Erlösung aus der materiellen Welt und der Vereinigung mit einem transzendentalen göttlichen Prinzip. Anders ausgedrückt: Körper und Psyche sollen durch den Geist beherrscht werden, damit man in tiefer Versenkung zur Gotteserkenntnis gelangt und eins mit der Gottheit wird.

Der Weg dahin besteht aus den folgenden acht Schritten:

- Moralisches Wohlverhalten im Alltag.
- Äußere und innere Reinheit.
- Körperhaltungen und -übungen, die Konzentration und Versenkung fördern.
- Beherrschung und Vertiefung der Atmung.
- Abkehr der Sinne von der Außenwelt.

Diese ersten fünf Schritte kann auch der Europäer noch nachvollziehen. Beschwerlich können die *asanas* werden, das sind bestimmte Haltungen des Körpers, die bei Ungeübten eher Beschwerden verursachen, als die Konzentration und Versenkung zu begünstigen. Durch beharrliches Training gelingen sie im Lauf der Zeit aber immer leichter, bis sie schließlich tatsächlich günstig wirken. Daneben kennt man zahlreiche Atem-, Konzentrations-, Wahrnehmungsübungen und der westlichen Gymnastik ähnelnde körperliche Bewegungsabläufe.

Die letzten drei Schritte des Yoga-Wegs bezeichnet man als die „Hohe Schule". Dazu sind folgende Übungen vorgesehen:

- Konzentration der Gedanken in eine bestimmte Richtung.
- Meditation über längere Zeit.
- Tiefe Versenkung und Einswerden mit der Gottheit als höchste Stufe.

Die Konzentration der Gedanken gelingt Europäern nach einiger Übung noch recht gut; das wirkt sich auch günstig im Alltag aus, etwa bei der Arbeit. Meditation ist vielen ebenfalls möglich, allerdings kaum tage- bis wochenlang wie bei den indischen Yogis. Die letzte Stufe werden Europäer nur selten erreichen, denn sie beruht auf religiös-weltanschaulichen Inhalten und Vorstellungen, die uns fremd bleiben. Nur wer sich intensiv mit dem indischen Geistesleben befasst, unvoreingenommen für die fremdartige Gedankenwelt öffnet, kann die höchste Stufe des Yoga anstreben. Notwendig ist das jedoch nicht, um Yoga als praktische Lebenshilfe zu nutzen.

Die Mehrzahl der traditionellen Yoga-Techniken findet bei uns kaum Beachtung, weil sie zu „exotisch" und kompliziert erscheinen. Am gebräuchlichsten wurde der Hatha-Yoga (ha = Sonne, tha = Mond), bei dem Atemübungen im Mittelpunkt stehen.

Inzwischen kennt man auch westliche Varianten der traditionellen Yoga-Übungen, die Europäern leichter zugänglich sind. Dieser West-Yoga besteht vor allem aus Übungen zur Entspannung, Kontrolle des vegetativen Nervensystems und der Atmung sowie zur Steigerung der Konzentration. Damit erfasst man also die ersten fünf bis sechs Schritte des traditionellen Yoga-Weges. Man erzielt auf diese Weise bereits sehr gute Wirkungen, die denen westlicher Entspannungstechniken nicht nachstehen, sie zum Teil sogar deutlich übertreffen.

Beim Yoga muss man sich darauf einstellen, dass nicht nur tiefe Entspannung erzielt wird, sondern allmählich eine grundlegende Veränderung des gewohnten Lebens eintritt, zum Beispiel neue Überzeugungen, Einstellungen, Werte und Ziele in den Vordergrund rücken. Das kann zur tief greifenden Verunsicherung und krisenhaften Erschütterung des bisherigen Lebens führen, die durchgestanden werden müssen, damit man gereift daraus hervorgeht. Abgeschlossen wird diese Entwicklung der Persönlichkeit nie, selbst nach jahrzehntelangem Yoga-Training bleibt der Weg das Ziel.

Mit Realitätsflucht darf das nicht verwechselt werden. Der Yoga-Schüler versucht nicht, aus einer ihm unerträglich erscheinenden Wirklichkeit in „virtuelle Paradiese" zu fliehen, das Training soll gerade auch befähigen, die Realität besser zu bewältigen.

Yoga kann man heute problemlos erlernen, unter anderem an den meisten Volkshochschulen und in Kursen vieler Krankenkassen. Dabei ist sichergestellt. dass nur seriöse Yogalehrer die fachliche Anleitung übernehmen. Bei „Gurus", die ihre Dienste außerhalb solcher Institutionen anbieten, ist die Seriosität nicht immer gewährleistet (obwohl natürlich auch viele dieser Yogalehrer korrekt arbeiten).

Gerade weil Yoga so tief greifend auf die Persönlichkeit und das gesamte weitere Leben wirkt, muss man unbedingt vermeiden, einem Scharlatan in die Hände zu fallen. Materielle Verluste wären noch das kleinere Übel bei einem solchen Missgriff, es gibt genügend Beispiele für ernste psychische Störungen, die durch unseriöse Gurus verursacht wurden.

Wer Yoga nach der Anleitung in Kursen gut genug beherrscht, wendet die Übungen regelmäßig zur praktischen Lebenshilfe und Entwicklung der Persönlichkeit an. Den meisten Yoga-Anhängern wird das bald zum Bedürfnis, sie wollen auf die täglichen Übungen überhaupt nicht mehr verzichten. Autosuggestionen sind beim Yoga übrigens nicht vorgesehen und auch nicht notwendig, weil die Technik auf andere Weise wirkt.

Transzendentale Meditation

Die klassischen Meditationstechniken erfordern geraume Zeit, bis man sie einigermaßen beherrscht. Das hält viele grundsätzlich interessierte Menschen davon ab, sich auf einen Versuch einzulassen. Solche Probleme bestehen nicht bei der transzendentalen Meditation, die erst in den 60er-Jahren des 20. Jahrhunderts begründet wurde. Vielmehr handelt es sich dabei um ein verblüffend einfaches Verfahren, das deshalb rasch viele Anhänger fand.

Die transzendentale Meditation (kurz TM), von dem indischen Mönch Maharishi Mahesh Yogi im Westen publik gemacht, lässt sich kaum beschreiben, man muss sie selbst erleben. Am Anfang stehen zwei Vortragsabende, gefolgt von einer persönlichen Unterweisung durch den TM-Lehrer. Dem schließt sich eine etwas „exotische" Aufnahmezeremonie an und der TM-Schüler erhält sein persönliches Mantra. Dieses kurze, bedeutungslose Wort dient ihm künftig als Konzentrations- und Meditationshilfe. Damit ist die fachliche Anleitung bereits erledigt (Gegner der TM kritisieren diese einfache Einführung), man kann mit dem selbstständigen Training beginnen.

Geübt wird täglich zweimal je etwa 20 Minuten lang. Jede Übung beginnt mit der Entspannung, die bei gut Trainierten innerhalb von ein bis zwei Minuten eintritt. In dieser tiefen Entspannung bleibt man gut 15 Minuten, lässt die Gedanken einfach zwanglos kommen und gehen, ohne sie in eine bestimmte Richtung lenken zu wollen. Zwischendurch wiederholt man immer wieder das persönliche Mantra, um Konzentration und Versenkung zu fördern. Am Ende der Übung benötigt man noch etwa zwei Minuten, um aus der Versenkung aufzutauchen und in den Alltag zurückzukehren.

Die TM-Technik mag fast zu einfach erscheinen, als dass man davon eine ausreichende Wirkung erwarten dürfte. An der simplen Methode entzünden sich auch immer wieder Kritik und die Warnung vor psychischen Schäden, die allerdings realistischer Grundlagen entbehren. Tatsächlich gibt es seriöse wissenschaftliche Untersuchungen (unter anderem von der international hoch angesehenen Harvard University), die unmissverständlich bestätigen, dass TM zur objektiv nachweisbaren tiefen Entspannung führt. Sie steht der Wirksamkeit des AT nicht nach, erfordert aber deutlich kürzere Vorbereitungszeiten. Deshalb kann TM uneingeschränkt empfohlen werden, wenn sie bei einem seriösen Lehrer erlernt wird. Inzwischen gibt es auch dazu Kursangebote an vielen Volkshochschulen und bei manchen Krankenkassen.

Register